HAL URBAN

Palavras positivas, mudanças significativas

Maneiras simples de celebrar a vida e melhorar suas relações pessoais e profissionais

SEXTANTE

tradução:
Claudio Figueiredo
preparo de originais:
Valéria Inez Prest
revisão:
Luis Américo Costa
Tereza da Rocha
projeto gráfico e diagramação:
Valéria Teixeira
ilustração e capa:
Silvana Mattievich
pré-impressão:
ô de casa
impressão e acabamento:
Cromosete Gráfica e Editora Ltda.

CIP-BRASIL. CATALOGAÇÃO-NA-FONTE
SINDICATO NACIONAL DOS EDITORES DE LIVROS, RJ

U63p Urban, Hal, 1940-
Palavras positivas, mudanças significativas/Hal Urban; tradução de Claudio Figueiredo. – Rio de Janeiro: Sextante, 2007.

Tradução de: Positive words, powerful results

ISBN 978-85-7542-272-4

1. Sucesso. 2. Conduta. 3. Psicolingüística. 4. Pensamento. I. Título

CDD 177.2
07-0298 CDU 177.2

GMT Editores Ltda.
Rua Voluntários da Pátria, 45 – Gr. 1.404 – Botafogo
22270-000 – Rio de Janeiro – RJ
Tel.: (21) 2286-9944 – Fax: (21) 2286-9244
E-mail: atendimento@esextante.com.br
www.sextante.com.br

Este livro é dedicado à melhor pessoa que conheço: Ruth Urban.

Mãe,
Suas palavras de amor e estímulo continuam sendo uma bênção, ajudando a fazer da minha vida uma experiência mais rica.

Palavras amáveis podem ser curtas e fáceis de falar, mas seus ecos são infinitos.

– Madre Teresa

Sumário

PREFÁCIO

Não há nada de novo debaixo do sol...

O que foi é o que será: o que acontece
é o que há de acontecer.
Não há nada de novo debaixo do sol.
Se é encontrada alguma coisa da qual se diz
"Veja, isto é novo", ela já existia nos tempos passados.
– Eclesiastes 1:9-10

... nem neste livro

Uma das observações que muitos leitores fizeram a respeito do meu primeiro livro, *As grandes lições da vida*, foi a de que eu não tinha tentado lhes vender uma fórmula "fantástica e completamente nova" para alcançar o sucesso definitivo e a felicidade absoluta. Eles expressaram satisfação por eu, em vez disso, ter procurado reunir algumas simples verdades que já estavam por aí há muito tempo. O que fiz foi apresentá-las de uma forma lógica, que ajudasse as pessoas a reencontrar seu caminho. Um executivo de uma grande companhia de seguros me disse: "Isso que você escreveu é tão antigo que chega a ser revolucionário. Mas precisamos que alguém nos lembre dessas velhas verdades, porque muitas vezes nos perdemos na estrada e acabamos nos esquecendo do que é realmente importante."

Centenas de pessoas fizeram comentários parecidos com esse e tomei cada um deles como um elogio. Afinal, lançar uma nova luz sobre velhas verdades era exatamente o que tinha me proposto a fazer. Agora, estou tentando realizar algo parecido com isso. Neste livro, provavelmente você não encontrará nada de novo sobre as palavras e o modo como as empregamos. Apenas será lembrado de que o que dizemos e a maneira como dizemos podem adquirir uma enorme importância. Talvez até mudem uma vida.

> *O mundo tem mais necessidade de ser relembrado do que informado.*
>
> – Hannah More

INTRODUÇÃO

Dois motivos simples para escrever este livro

1. Para aumentar nossa consciência sobre o impacto que as palavras podem causar

Vivemos num oceano de palavras. Mas, assim como um peixe na água, na maioria das vezes não temos consciência disso.
– Stuart Chase

Essa frase foi escrita em 1953 por um estudioso que havia realizado amplas pesquisas sobre o poder das palavras. Muita coisa mudou desde então. Hoje há cerca de um bilhão de pessoas a mais no planeta, o índice de alfabetização aumentou de modo drástico, um grande número de novos meios de comunicação está à nossa disposição e nosso vocabulário foi acrescido de milhares de termos. Portanto, o oceano de palavras no qual estamos imersos atualmente faz com que aquele em que vivíamos na década de 1950 pareça pequeno. Mas certas coisas nunca se alteram. Continuamos tendo tão pouca consciência do impacto causado por aquilo que dizemos quanto naquela época. Talvez tenhamos até menos consciência.

Acredito que isso acontece porque costumamos aceitar muitas coisas como naturais, não pensamos muito nelas. Palavras são instrumentos aos quais sempre tivemos acesso e, pelo fato de as usarmos com tanta freqüência, caímos em certas rotinas verbais. É comum falarmos sem pensar e sem a consciência do impacto que as palavras podem ter. No entanto, elas têm a capacidade de causar um forte efeito – tanto nos outros quanto em nós mesmos.

Há mais de trinta anos, o poeta libanês Khalil Gibran escreveu o seguinte: “Em grande parte das conversas, o pensamento é meio assassinado." Mais uma vez, não acredito que as coisas tenham mudado muito. "Ponha a mente em ordem antes de pôr a boca em movimento" – esse é um dos axiomas eternos dos quais acabamos nos esquecendo. Espero a partir de agora oferecer vários motivos práticos para honrar esse pensamento e para ensinar às pessoas a fazer o mesmo. Precisamos disso mais do que nunca.

2. Para estimular o uso de palavras que celebram e afirmam a vida

Sou capaz de viver por dois meses graças a um único bom elogio.
– Mark Twain

Já foi dito que a linguagem é uma das marcas da civilização. O que ouvimos todos os dias ao nosso redor corresponde a volumes acerca da nossa cultura, do nosso temperamento, dos nossos valores e do que pensamos uns dos outros. Não sou o único a acreditar que boa parte da linguagem que temos ouvido nos últimos trinta anos vem embotando o brilho da civilização.

No fim dos anos 1960, as pessoas foram exortadas a "expressar seus verdadeiros sentimentos com franqueza", e é exatamente isso o que elas vêm fazendo desde então, especialmente em relação às palavras. Em grande medida, a linguagem que ouvimos hoje é caracterizada por uma certa rispidez. Para ser mais específico, muitas vezes ela é grosseira, mal-humorada e de natureza vulgar. Nós a ouvimos onde quer que estejamos. Pessoas de todas as faixas etárias a empregam.

Não se esqueça de que eu disse que a civilização está perdendo o brilho, e não que tenha sido destruída. Tudo de que ela precisa é de um pouco de cuidado, carinho e algum refinamento. E sou otimista o bastante para acreditar que isso pode ser feito com uma escolha mais atenta das palavras.

Este é o tema do capítulo 10 de *As grandes lições da vida*. Ele recebeu o título de "Palavras amáveis não custam nada, mas obtêm muito". Assim que a primeira edição foi publicada, constatei que queria ampliar particularmente essa lição. Desde então, venho ouvindo pessoas, lendo, realizando pequenas experiências e colecionando casos para fundamentar minha teoria de que as palavras que usamos causam um enorme impacto na nossa vida e na sociedade. Em muitos sentidos, este livro é um aprofundamento daquele capítulo e dos que tratam do humor, do respeito e da gratidão – três outras maneiras que temos de usar as palavras para dar mais brilho à vida.

Outra experiência reforçou minha determinação de me aprofundar nesse tema. A partir de 1995, comecei a realizar palestras em escolas, ambientes empresariais e instituições religiosas sobre a relação entre um bom caráter e a qualidade de vida. A maioria dessas apresentações é dedicada ao poder das palavras amáveis. Na verdade, muitas vezes me pedem que fale sobre essa questão especificamente. Isso é um sinal positivo.

Meu desejo é que todas as pessoas se tornem parte do movimento cada vez mais forte destinado a fazer com que voltemos a valorizar a cortesia, as virtudes e uma bondade regida pelos antigos valores. O melhor recurso de que dispomos para conseguir isso é a linguagem. Ela contém milhares de palavras maravilhosas, positivas, que dizem sim à vida. Essas palavras estão por aí, disponíveis, de graça, e podemos usá-las no momento em que desejarmos. Eu o estimulo a fazer isso com freqüência, da mesma forma como procuro estar sempre me lembrando de agir assim. É divertido, positivo e recompensador. Palavras amáveis *podem* fazer a diferença.

Nunca acredite que poucas pessoas conscientes sejam incapazes de mudar o mundo. Na verdade, são elas que sempre fazem isso.

– Margaret Mead

As palavras gentis

O orvalho é para as flores aquilo que
as palavras gentis são para a alma.
Elas são uma bênção para quem as oferece
e tão preciosas para quem as recebe
que jamais deveríamos negá-las.
Palavras gentis, ditas de maneira amável,
são um consolo para a mente aflita.
Por outro lado, laços de amor são cortados
por palavras duras.
Então, ó, espírito gentil,
seja sempre meu guardião
e que meu lema seja: "Faça aos outros aquilo
que gostaria que os outros fizessem a você."

– Polly Rupe

Parte 1

AS ORIGENS E A INFLUÊNCIA DAS PALAVRAS

A fala é a própria civilização.
– Thomas Mann

Morte e vida estão à mercê da língua.
– Provérbios 18:21

Capítulo 1

As palavras nos tornam humanos

As palavras são o que sustentam a sociedade; sem elas não seríamos seres humanos.

– Stuart Chase

Quando começamos a falar?

Sempre preferi acreditar que a primeira palavra pronunciada por um ser humano tenha sido "Viva!". Algo de bom foi descoberto e depois veio um som para celebrar isso. Alguém com uma mentalidade menos positiva pode pensar que tenha sido "Droga!" ou "Ai!". Mas a verdade é que ninguém sabe ao certo que palavra foi essa nem exatamente quando e onde foi dita. Muito menos qual era seu significado.

Os antropólogos são capazes de fornecer todo tipo de informação científica a respeito das origens da espécie humana, porém eles não conseguem dizer com certeza quando começamos a falar. Não é minha intenção apresentar um relato historicamente documentado nem cientificamente comprovado do desenvolvimento da linguagem. E suspeito de que esse não seja o desejo do leitor. De qualquer modo, é útil mencionar – ainda que de forma breve – as origens das palavras.

Toda espécie animal utiliza um sistema de comunicação. E todos os professores de lingüística do planeta concordam em relação a um ponto: nossa linguagem é o que nos distingue. É o que nos caracteriza como humanos. Muitas das ações que realizamos no dia-a-dia são idênticas às de um cão doméstico ou às de um porco numa feira agropecuária: comer, beber, dormir, procriar, sobreviver. No entanto, como nosso pensamento se desenvolve num nível mais elevado, criamos um sistema de comunicação mais sofisticado, chamado linguagem. No seu âmbito, surgiram milhares de palavras que usamos para estabelecer contatos uns com os outros e para dar sentido às experiências que vivemos.

Primeiro foram as mãos

A maior parte de nós já passou pela experiência de tentar se comunicar com alguém que não fala nosso idioma. Ainda que isso seja um tanto estressante e um pouco frustrante, normalmente conseguimos transmitir algumas mensagens claras. Nessas situações, usamos basicamente as mãos, apontando e fazendo outros gestos, assim como as expressões faciais. Chamamos isso de linguagem corporal. Esse foi o primeiro método de comunicação empregado por nossos ancestrais.

Tente se imaginar passando por todos os momentos de um dia comum sem ter a capacidade de falar com os que estão à sua volta. Era nessa situação que se encontravam os primeiros humanos. As mãos e o rosto são instrumentos eficientes em termos de comunicação, porém muitas vezes deixam a desejar quando se trata de articular necessidades e sentimentos.

Vou dar um exemplo. Há alguns anos eu e minha mulher, Cathy, estávamos em Rovaniemi, na Finlândia. Nessa pequena e longínqua cidade perto do círculo Ártico, não eram muitas as pessoas que sabiam falar meu idioma, o inglês. Chegamos de tarde e, depois de caminharmos pelo centro por algumas horas, voltamos ao hotel para jantar. Percebemos que um morador local estava sentado no bar, que ficava no lobby. Ele não falava inglês, mas era óbvio que queria nos dar as boas-vindas em nome da comunidade. Também estava claro que desejava fazer isso nos pagando uma cerveja. Nesse aspecto, ele *estava* falando nossa língua. Aquele havia sido um longo dia, estávamos cansados e sedentos. Assim, aceitamos de bom grado o gesto de hospitalidade.

Depois veio a parte difícil. O homem queria desesperadamente bater um papo conosco, mas tudo o que havíamos aprendido na língua dele era "olá", "até logo", "por favor", "obrigado" e "banheiro". Isso limitava bastante a conversa. Ele repetia muitas vezes a mesma frase, porém não fazíamos a mais remota idéia do que pretendia dizer. Cada vez que ele pronunciava a frase, falava um pouco mais lentamente e um pouco mais alto, como se, de algum modo, isso pudesse facilitar nossa compreensão. Começamos a perceber que aquela cena devia estar parecendo tremendamente engraçada. Também ficamos imaginando quantas cervejas o homem havia tomado antes de nos sentarmos com ele. Entretanto, por mais cômica que fosse aquela situação, não tínhamos coragem de rir. Não teria sido nada gentil de nossa parte, caso ele estivesse agindo seriamente.

O esforço para deixarmos de rir de algo engraçado somado ao fato de não estarmos entendendo o que o homem dizia foi duplamente estressante. Aquilo começou a nos cansar. Terminamos as cervejas e usamos três das cinco palavras que sabíamos pronunciar em finlandês: "obrigado" e "até logo". Por meio de gestos, deixamos claro que tínhamos apreciado a cerveja e que já era hora de irmos jantar. Apertamos a mão dele e fomos para o restaurante do hotel, deixando escapar grandes suspiros de alívio. Não é de admirar que os primeiros humanos a habitar o planeta tenham desenvolvido uma linguagem. Ela foi nosso primeiro fator de redução de estresse.

Em segundo lugar, surgiram as imagens

Nossos ancestrais também devem ter se cansado de ficar apenas apontando as coisas e alternando intensas expressões faciais. Eles queriam se comunicar por meios mais específicos. Então, o segundo passo nesse processo foi dado com o desenho de figuras. Tivessem ou não talento artístico, as pessoas aprenderam que poderiam enviar uma mensagem com um significado mais preciso fazendo um desenho no chão ou nas paredes das cavernas. Mesmo as toscas figuras que eu consigo desenhar provavelmente teriam passado o recado.

No antigo Egito, o aperfeiçoamento dessa forma de comunicação foi particularmente eficiente. Em algum ponto antes de 3100 a.C. desenvolveu-se ali um sofisticado sistema de imagens que passaram a ser conhecidas como hieróglifos (ideogramas figurativos). No início tratava-se apenas de símbolos visuais. Com o tempo, no entanto, eles começaram a ser usados também de maneira conceitual. O símbolo de "sol", por exemplo, acabou significando "dia", enquanto o símbolo de "lua" passou a representar "noite".

É óbvio que isso estava nos conduzindo ao caminho da linguagem. Figuras e símbolos eram muito mais descritivos do que grunhidos e gestos feitos com a mão, mas o ato de desenhar exigia muito tempo. Precisávamos de algo mais eficiente. Foi então que apareceram os fenícios.

As palavras vieram em terceiro lugar

Se você já se perguntou alguma vez qual a origem da expressão "soletrar foneticamente" ou de onde surgiu a palavra "fônico", agora saberá: dos fenícios. Foi esse povo do Mediterrâneo oriental, juntamente com os gregos, que nos legou os fundamentos do alfabeto moderno. De sua cultura vieram as palavras e o desenvolvimento da linguagem, considerada por muitos a maior realização na história da espécie humana. As palavras faladas terminaram substituindo o ato de desenhar figuras como nossa mais importante forma de comunicação.

O que é uma palavra? Essa é uma pergunta que sempre faço aos meus alunos. Durante muitos anos, dei um curso de comunicação na Universidade de São Francisco. Na mesma época, ministrava também um curso de psicologia de crescimento e desenvolvimento pessoal para estudantes do ensino médio. Fosse ensinando aos adultos na universidade ou aos mais jovens na escola, eu sempre começava com a mesma pergunta: "O que é uma palavra?" E, invariavelmente, recebia duas respostas: olhares perplexos e "O que você quer dizer com isso?".

Minha intenção era forçar os alunos a examinar o verdadeiro sentido e o significado das palavras com mais atenção. Certa vez, perguntei se algum deles tinha procurado pela definição do termo "palavra" no dicionário. Ninguém jamais fizera isso. Depois fiz outra pergunta: "De que modo *vocês* definiriam 'palavra'?" Mais olhares perplexos, agora seguidos de tentativas desajeitadas de explicar o significado desse vocábulo. Embora poucos estudantes tenham sugerido acepções para esse termo, todos se mostraram realmente intrigados com o assunto. Eles começaram a levantar questões como "O que é uma palavra?" e "Como podemos defini-la?". Fiquei satisfeito. Como professor, meu principal objetivo sempre foi fazer com que os alunos pensassem.

Os dicionários apresentam várias definições para "palavra". Li duas delas – "um som falado que simboliza ou comunica um significado" e "um sinal verbal". Em seguida, os desafiei a tentar formular sua própria definição, uma que fosse de fácil compreensão e com a qual todos ali concordassem. Pedi que pensassem no que estavam realmente querendo fazer cada vez que usavam uma palavra. Também sugeri que procurar um bom sinônimo para "palavra" talvez fosse uma forma de encontrar seu verdadeiro significado. Em todas as turmas em que discuti esse tema, os dois melhores sinônimos para "palavra" identificados pelos alunos foram "símbolo" e "sinal". Sempre lhes perguntava: "E que tal 'imagem'?"

Pintando imagens verbais

Quando falamos com as pessoas e com nós mesmos, usamos palavras. No entanto, quando *pensamos*, utilizamos imagens. Por exemplo: se eu mencionar a palavra "torre", você formará na cabeça a imagem de uma construção desse tipo. Se eu disser "torre Eiffel", a imagem será ainda mais precisa, caso você já tenha visto a torre Eiffel de perto ou em foto. Na maior parte do tempo que passamos falando com outra pessoa, na realidade estamos trocando imagens. À medida que fomos acrescentando palavras ao vocabulário, a linguagem foi se tornando mais sofisticada. Foi como inserir cores à palheta de um artista – agora somos capazes de pintar imagens mais vívidas com as palavras.

Eu costumava fazer um exercício com os alunos no início de cada curso para mostrar-lhes a intensidade com que pensamos por meio de imagens, mesmo quando *não* temos consciência disso. Dizia-lhes que ia pronunciar uma palavra e que não queria que eles formassem uma imagem daquilo na sua mente, não importando quanto se sentissem tentados a fazer isso. Àquela altura, os alunos estavam imaginando qual seria meu objetivo, mas estavam animados com o desafio e confiantes de que conseguiriam ser bem-sucedidos.

Eu disse: "Prontos? A palavra é: caminhão." A turma caiu na gargalhada imediatamente. Eles compreenderam que, ao ouvirem uma palavra dita por outra pessoa, formavam uma imagem mental, ainda que tentassem evitá-la. Quando lhes pedi que falassem sobre o caminhão, recebi descrições vívidas: caminhões de bombeiros, caminhões gigantescos, caminhões com entulho, etc. E cada aluno na sala chegava a me dizer de que cor era seu caminhão. Todos esses detalhes surgiram, embora as pessoas tivessem se esforçado para *não* formar uma imagem. Quer estejamos conscientes disso ou não, sempre que falamos com alguém, estamos enviando e recebendo imagens. É um processo mais específico do que os gestos e mais rápido do que os hieróglifos.

O que os bons professores e os bons oradores fazem? Eles pintam imagens verbais que sejam vívidas. Empregam esse recurso contando histórias interessantes que apresentem as idéias que desejam transmitir. Essa foi uma das primeiras lições que aprendi no início da minha carreira de professor. No meu primeiro ano de trabalho, um dos professores de maior destaque na escola de ensino médio em que eu dava aula me disse: "Se você for um bom contador de histórias, será um bom professor. Conseguirá obter muito mais com uma história do que com uma explanação." Esse foi um dos melhores conselhos profissionais que já recebi. Dizem que "uma imagem vale mais do que mil palavras". Uma boa história pinta mil imagens.

As palavras e a cultura

O que pretendo com essa breve abordagem das origens das palavras é mostrar como elas se desenvolveram ao longo dos tempos, destacar sua imensa importância no transcorrer da história e salientar sua função vital em todas as culturas. As palavras são o meio que usamos todos os dias para fazer contato com o mundo e com as pessoas. Elas são as ferramentas que utilizamos para cumprimentar, informar, perguntar, responder, encorajar, consolar, louvar, celebrar, agradecer, orar, rir e nos relacionar com os outros de muitas outras maneiras positivas.

Também podemos, é claro, usar as palavras numa grande variedade de formas negativas e nocivas. Embora as palavras positivas sejam o tema deste livro, há um capítulo sobre as palavras negativas. Decidi incluí-lo porque temos que aumentar nosso grau de consciência em relação ao mal que as palavras podem causar e precisamos ser lembrados de que somos capazes de controlar a língua.

Nos últimos anos, muitas vezes me perguntaram se eu tinha planos de lançar uma continuação de *As grandes lições da vida*. Ainda que possa vir a fazer isso no futuro, escrevi este livro especificamente para compartilhar uma das lições mais importantes que já aprendi: palavras amáveis não custam nada, mas nos ajudam a obter muito. Elas podem até mudar vidas.

A vida e a linguagem são igualmente sagradas.
– Oliver Wendell Holmes

AS PALAVRAS

Elas cantam.
Elas machucam.
Elas ensinam.
Elas santificam.
Elas foram o primeiro feito
incomensurável de magia do homem.
Elas nos libertaram da ignorância
e do nosso passado bárbaro.

– Leo Rosten

CAPÍTULO 2

As palavras têm o poder de mudar vidas

Ao longo da história humana, os maiores líderes e pensadores usaram o poder das palavras para transformar nossas emoções, para nos cooptar para suas causas e para mudar o curso do destino. As palavras não criam apenas emoções, elas criam ações. E das ações flui o resultado da nossa vida.

– Anthony Robbins

A língua e a pena têm grande poder

As palavras moldaram a história. Fizeram nascer idéias, deflagraram guerras, forneceram inspiração a milhões de indivíduos, tornaram pessoas ricas e famosas. Elas podem ferir e chocar, mas também curar e encorajar. E fazem até com que compremos coisas. São capazes de mudar vidas para melhor ou para pior. Em seu provérbio, o rei Salomão diz: "A morte e a vida estão à mercê da língua." E um dito conhecido afirma que "a pena é mais poderosa do que a espada". As palavras não só têm um grande poder como podem causar um impacto duradouro.

Que tipos de sentimentos estas palavras despertam?

destruir	matar	ferir
encarcerar	explodir	proibir
sofrer	arruinar	estuprar
ódio	fogo	terror
estrago	desempregado	estúpido
bater	idiota	atirar
desastre	machucar	preocupar
revolta	crítica	estresse
agonia	morte	processar

vingança
assassinato
cadeia
roubar
imbecil
vagabundo
vil
perder
sonegar
evitar
drogas
condenar
cuspir
feio
corrupto

doença
constrangimento
esfaquear
golpear
enganar
mentira
tragédia
reprovar
ciumento
batalha
disputa
quebrar
estrangular
irritação
cancelar

veneno
guerra
melancólico
prender
amargo
ameaça
queimar
reclamar
expulsar
triste
advertência
tensão
forçar
burro
agredir

Que tipos de sentimentos estas palavras despertam?

amor
amigo
gentileza
paz
perdão
alegria
diversão
feliz
vencer
recompensa
aprimorar
sorrir
rir
vivo
entusiasmo
respeito
conseguir
confortável
confiança
divertir
honra

calor
férias
fim de semana
brincar
esperança
lar
coragem
fé
calma
amável
criança
proveito
celebrar
engraçado
segurança
positivo
afeto
agradecido
campeões
alcançar
comédia

festa
cãozinho
bom
sucesso
justiça
beleza
concordar
consideração
beijo
abraço
crescer
elogio
maravilhoso
merecer
convidar
curar
restabelecimento
bondoso
líder
homenagem
abençoado

Se eu lhe pedir que escolha cinco palavras da primeira lista e forme imagens mentais relativas a elas, essas representações serão agradáveis? Provavelmente não. Caso meu pedido seja para que você escreva frases usando cinco dessas palavras, essas sentenças terão um sentido positivo? Provavelmente não. No entanto, se eu solicitar que você escolha cinco palavras da segunda lista e que depois forme imagens mentais relativas a elas e escreva frases a respeito delas, é provável que os resultados sejam agradáveis e positivos.

Essa foi uma pequena experiência que realizei durante muitos anos com meus alunos e com pessoas que participam dos meus workshops. Primeiro, eu mostrava a folha com as palavras negativas e pedia-lhes que apenas olhassem para elas por alguns minutos. Observe que "tensão" é uma das palavras incluídas nessa lista. Em poucos minutos, era exatamente esse clima que passava a reinar na sala. Contudo, pouco antes da distribuição da folha, havia muita energia positiva no ambiente e todos ali pareciam estar num ótimo astral. Aquela simples folha com algumas palavras parecia ter o poder de deixar todos desanimados. Em seguida, quando eu solicitava que eles formassem as cinco imagens e redigissem as cinco frases, as coisas pioravam.

Certa vez, um aluno disse: "Isso está nos deixando de baixo-astral." Outro estudante perguntou *por que* estávamos fazendo aquilo. Ele afirmou: "Pensei que você quisesse que fôssemos positivos." Respondi que desejava isso, sim, mas que também pretendia ensinar-lhes algo sobre o impacto emocional das palavras. Um terceiro aluno fez a seguinte observação: "Você conseguiu. Só que agora estamos todos deprimidos." E, como eles já me conheciam muito bem, não demorou até que alguém me perguntasse: "Isso quer dizer que vamos ter também uma folha com palavras positivas?"

Essa era minha deixa. Sorri e distribuí a outra folha. A atmosfera na sala mudou completamente. As conversas ficaram animadas e logo ouvimos gargalhadas. A energia positiva voltara. Na verdade, agora o astral parecia até melhor do que estava antes de começarmos o exercício. Quando passamos às imagens e às frases, o clima ficou ainda mais alegre. Um dos meus alunos mais perspicazes afirmou: "As palavras têm uma influência maior do que eu imaginava – e olha que estas aqui estão apenas no papel."

Se um pedaço de papel com palavras é capaz de deixar mais de trinta pessoas deprimidas ou animadas em questão de segundos, imagine o efeito que as palavras que dizemos aos outros e a nós mesmos podem produzir.

O que as pesquisas revelam

Tem sido realizada uma grande quantidade de pesquisas a respeito da influência que determinadas palavras exercem. Não há muito sentido em tentar resumir todas elas aqui, mas gostaria de compartilhar as descobertas de dois trabalhos interessantes que corroboram a crença de que as palavras podem ter um efeito poderoso. O primeiro deles origina-se na publicidade, uma área que parece estudar – mais intensamente do que os lingüistas – o impacto das palavras. Por quê? Porque se descobriu que certas palavras são capazes de atuar sobre os consumidores de forma quase mágica. Como afirmei anteriormente, há palavras que conseguem nos fazer comprar coisas. Vá a um supermercado, caminhe entre as gôndolas onde estão os produtos e observe como as palavras chamam sua atenção. Também as ouvimos nos comerciais de televisão e de rádio e as lemos nos anúncios de jornais e revistas. Algumas delas:

você	comprovado	amar
fácil	saúde	garantia
novo	dinheiro	economizar
resultados	segurança	descobrir

De acordo com pesquisas realizadas em faculdades de Administração de muitas universidades importantes nos Estados Unidos, essas são as doze palavras com maior chance de influenciar um comprador em potencial. Uma empresa conseguiu até usar onze delas no anúncio de um germicida: "Você vai amar poder economizar seu dinheiro com Germ-Gone, a nova descoberta, fácil de usar, que proporciona garantia comprovada de saúde e segurança." Não há nenhuma prova de que o produto ou o anúncio tenham sido bem-sucedidos.

David Ogilvy diz no livro *Confissões de um publicitário* que existem muitas outras palavras que, comprovadamente, influenciam os consumidores. Algumas delas são:

<table>
<tr><td>milagre</td><td>mágica</td><td>rápido</td></tr>
<tr><td>aperfeiçoado</td><td>pechincha</td><td>pressa</td></tr>
<tr><td>revolucionário</td><td>surpreendente</td><td>oferta</td></tr>
<tr><td>procurado</td><td>agora</td><td>sensacional</td></tr>
</table>

Tudo isso é para mostrar que as palavras, quando usadas com um objetivo estratégico, podem exercer um efeito decisivo sobre as pessoas a que se dirigem. Se, quando bem selecionadas, elas são capazes de induzir o consumo, então também podem ser empregadas para influenciar as pessoas de outras maneiras. O importante é termos consciência do impacto que provavelmente terão e passarmos a escolhê-las com mais cuidado.

A segunda pesquisa que vale a pena mencionar sugere de forma enfática que as palavras podem até mesmo afetar nossa saúde. Esse trabalho foi coordenado pelo National Institute on Aging para aferir o impacto de certas palavras que reforçam estereótipos a respeito de pessoas com mais de sessenta anos. Quando palavras como "senil" e "decrépito" e piadas sobre memória fraca e dores são ouvidas regularmente por idosos, os efeitos que elas causam manifestam-se tanto em termos físicos quanto psicológicos. A pressão sangüínea sobe e reações de origem nervosa surgem na pele. Por outro lado, quando palavras como "experiente" e "sábio" são empregadas para mostrar que os idosos estão sendo valorizados, os resultados são muito positivos.

Eu, que acabo de ingressar nessa faixa etária, não permito que rótulos negativos como "lento", "velho", "fraco" e "fóssil" me atinjam, mesmo quando são ditos em tom de brincadeira. Mas é óbvio que muitos idosos se *deixam abater* por palavras como essas. Por isso, as pesquisas mostram que devemos usar temos mais afirmativos quando estamos na presença dessas pessoas. Por que não descrevê-las como cidadãos instruídos, ativos, gentis, educados, experientes, divertidos, valorosos e úteis?

Na realidade, quando se estuda o impacto que as palavras exercem, pouco importa a faixa de idade que está sendo analisada. A verdade – e isso vale para jovens e idosos – é que as palavras podem tanto destruir quanto construir.

As palavras podem mudar vidas

Uma das perguntas que costumo fazer com freqüência a pessoas que encontro nas viagens de avião é: "Alguém já lhe disse algo que o tenha feito mudar sua vida?" Eu poderia encher um livro como este com as histórias maravilhosas que ouvi. É surpreendente a forma como as pessoas se abrem diante de um desconhecido, especialmente quando descobrem que ele está recolhendo material para um livro. O fato curioso foi que todas as respostas que recebi diziam respeito a palavras positivas que haviam acarretado boas mudanças. Ouvi histórias comoventes sobre palavras gentis, calorosas e estimulantes de pais, avós, professores, técnicos de times, amigos, chefes, religiosos, etc. Na maior parte dos casos, a pessoa que pronunciou as palavras inspiradoras não fazia a menor idéia de quanto seu efeito seria forte e duradouro.

Para reforçar meu argumento sobre como palavras aparentemente simples podem mudar vidas, escolhi duas histórias. A primeira li num jornal, a segunda aconteceu comigo.

Quatro palavras que mudaram uma vida

Há alguns anos eu estava no aeroporto O'Hare, de Chicago, quando peguei um exemplar do *Chicago Tribune* para ler. Uma coluna escrita por um de seus mais conhecidos colaboradores, Bob Greene, chamou imediatamente minha atenção. O título era: "Quatro palavras que mudaram uma vida." O artigo tinha início com a descrição de uma cena que Greene presenciara num local público. Uma mulher, claramente chateada com o filho pequeno, perguntou-lhe em voz alta: "Será que você é tão idiota que não consegue fazer nada direito?"

Ao refletir sobre o incidente, Greene ficou imaginando não apenas o impacto que teriam as palavras ditas por aquela mulher como também quanto tempo isso duraria. E escreveu: "Talvez não dure muito. Ainda assim, pequenos momentos às vezes se prolongam por bastante tempo. E algumas palavras, embora as pessoas não lhe dêem a devida importância no momento em que as pronunciam, podem causar um impacto enorme. 'Será que você é tão idiota que não consegue fazer nada direito?' Palavras como essas acabam fazendo eco." Os comentários de Greene dão sustentação a algumas das principais idéias que defendo neste livro. Para começar, precisamos nos conscientizar do efeito que nossas palavras podem ter sobre as pessoas. Também devemos compreender que aquilo que dizemos sem pensar ou quando estamos exaltados pode produzir uma influência duradoura.

Greene observa que as palavras positivas também são capazes de exercer uma importante influência, com conseqüências que às vezes se estendem por toda uma vida. Seu artigo era sobre um escritor profissional que havia sido tímido e inseguro na infância. Durante uma aula de inglês na escola, porém, aconteceu algo que mudou sua vida. Foi um fato corriqueiro: ele recebeu de volta da professora um trabalho que havia redigido. Embora não se lembrasse mais da nota que tirou, jamais se esqueceu das quatro palavras que ela rabiscara no papel: "Isto está bem escrito."

Tratava-se, portanto, de um rapaz que gostava de escrever e que muitas vezes tinha sonhado em redigir contos. Até aquele dia, no entanto, faltara-lhe confiança. A pequena anotação da professora fez com que ele pensasse de um modo diferente sobre suas habilidades, e esse foi o começo de uma bem-sucedida carreira de escritor. Até hoje, ele acredita que nada teria acontecido sem aquelas quatro palavras escritas na margem do seu trabalho. Greene termina assim o artigo: "Tão poucas palavras. E elas podem mudar tudo."

Quatro palavras que resultaram num livro

Meu livro *As grandes lições da vida* quase morreu no berço. Uma das maiores decepções que já sofri aconteceu quando a editora que o publicou nos Estados Unidos me informou que ele estava sendo retirado de circulação. Fiquei ao mesmo tempo chocado e desalentado. Toda a primeira edição tinha sido vendida e o livro estava obtendo uma ótima resposta por parte dos leitores. Eu estava animado e já começava a imaginar qual seria a tiragem da próxima edição. Foi quando recebi a má notícia.

Depois de mergulhar por algumas horas num sentimento de autopiedade, decidi refletir sobre as opções que me restavam. A resposta dos leitores e seus pedidos de compra de mais exemplares tinham me animado, por isso não queria que o livro morresse ali. Ao mesmo tempo, não fazia idéia de como poderia levar o projeto adiante. "Fora de circulação" era uma expressão que soava terrivelmente definitiva. Liguei para a editora e perguntei se havia um modo de eu conseguir mais exemplares. Disseram que poderiam imprimir mais alguns para mim, mas eu teria que comprar um mínimo de duas mil unidades e pagar pelo frete. Minha primeira reação foi pensar: "É o fim da linha."

Era uma simples questão de números. Como professor do ensino médio, eu precisava trabalhar até de noite para pagar as contas. Além disso, meus três filhos estavam prestes a entrar para universidades particulares, e nossas economias já estavam quase no fim. Se eu resolvesse comprar os dois mil livros, ficaríamos a zero. Também havia o fato de que eu nunca tinha sido do tipo empreendedor. Quando se tratava de dinheiro, não gostava de assumir riscos, e aquele parecia ser um grande risco. E se eu comprasse os livros e não conseguisse vendê-los? Ficaria sem as economias e com a garagem entulhada de mercadoria sem valor.

Naquela noite, quando minha mulher, Cathy, chegou em casa após o trabalho, compartilhei com ela as más notícias: o fato de o livro ter saído de circulação e de que custaria uma boa grana conseguir mais exemplares. Como Cathy conhecia o estado lastimável das nossas finanças, imaginei que fosse dizer algo como "Nem pensar!". Mas não foi isso o que ouvi. Ao contrário, ela me disse quatro palavras que mudaram tudo: "Você venderá os livros."

Não dá para explicar a força das palavras de Cathy. De maneira bem simples, digamos que elas me fizeram ver a situação de um modo diferente. Elas me inspiraram. Tivemos uma longa conversa sobre o assunto e, por fim, decidimos comprar os livros. Vendi os dois mil exemplares e, depois, adquiri mais dois mil e os vendi também. A partir daí, eu mesmo passei a publicar o livro, e o total das vendas foi de oitenta mil exemplares antes que eu vendesse os direitos para a editora Simon & Schuster. Ao divulgar a assinatura do contrato, a revista *Publisher's Weekly* referiu-se a ele como "o livrinho que chegou lá". É uma história bonita, no entanto não haveria nada disso para contar se não fosse pelas quatro palavras encorajadoras de Cathy.

"Tão poucas palavras. E elas podem mudar tudo."

> *As palavras têm o poder de destruir e de curar. Quando são ao mesmo tempo sinceras e gentis, elas podem mudar nosso mundo.*
>
> – Buda

O PODER DAS PALAVRAS

Uma palavra descuidada pode provocar uma briga.
Uma palavra cruel pode arruinar uma vida.
Uma palavra amarga pode instilar o ódio.
Uma palavra brutal pode atingir e matar.
Uma palavra bondosa pode deixar o caminho
mais suave.
Uma palavra alegre pode iluminar o dia.
Uma palavra oportuna pode diminuir a tensão.
Uma palavra amorosa pode ser cura e bênção.

– Autor desconhecido

Capítulo 3

As palavras podem ferir e ofender

"Cuidado com o fogo" é um bom conselho que conhecemos.
"Cuidado com as palavras" é um conselho vinte vezes melhor.
– William Carleton

Por que este capítulo é necessário?

Quando decidi escrever este livro, estava determinado a lhe dar um tom estimulante e positivo. Mas, quanto mais eu avançava na sua concepção, mais me convencia de que este capítulo não podia ser evitado e de que era absolutamente necessário. Se um dos meus objetivos é aumentar nossa consciência sobre o impacto provocado pelas palavras, então precisamos ficar mais atentos às muitas maneiras que temos de dizer algo doloroso ou ofensivo a alguém. Essa vigilância pode nos impedir de fazer mal aos outros e a nós mesmos.

No meu livro anterior, há um capítulo sobre a importância da honestidade. Eu o elaborei com o propósito de enfatizar também apenas o lado positivo da questão – as recompensas que uma pessoa recebe pelo fato de ter um comportamento íntegro. Entretanto, era impossível mostrar essas recompensas de maneira convincente sem destacar as conseqüências da desonestidade. Ocorre aqui algo parecido. Parte do processo de nos tornarmos pessoas que usam as palavras de modo sensato e que exercem um impacto positivo sobre os outros consiste em procurar não dizer coisas que tenham o efeito contrário. Este capítulo é simplesmente uma breve aula sobre o que devemos evitar.

A liberdade de expressão é boa, mas sem linguagem ofensiva

Antes de discutir de que maneira a linguagem pode tornar-se ofensiva, gostaria de comentar algo que já ouvi muitas vezes: "Vivemos num país livre. Posso dizer o que quiser. Você nunca ouviu falar de liberdade de expressão?"

Embora eu seja um ferrenho defensor da liberdade de expressão e um adversário igualmente implacável da censura, também sou a favor do bom gosto, da consideração pelo sentimento dos outros e do que costumávamos chamar de cortesia.

"Os Trinta Vilões"

"Que tipo de linguagem o deixa deprimido? Que tipo de coisa você não gosta de ouvir?" Essas são duas perguntas que fiz a pessoas de todas as idades centenas de vezes nos últimos anos. Perguntei isso na sala de aula, nos cursos, em aviões e em conversas casuais. Eu simplesmente explicava às pessoas que estava realizando uma pesquisa para um livro sobre o poder das palavras, e todas elas se prontificavam a me ajudar com a maior boa vontade. Dizia-lhes que estava trabalhando num capítulo sobre coisas que não gostamos de ouvir, palavras que nos magoam, nos ofendem ou nos entristecem.

Embora as respostas não tenham me surpreendido, elas serviram para enfatizar dois aspectos. Primeiro, lembraram-me da incrível quantidade de maneiras de que dispomos para envenenar um ambiente com a ajuda das palavras. Segundo, foi com certo constrangimento que observei a lista, pois percebi que, muitas vezes, eu mesmo era culpado de adotar alguns dos comportamentos relacionados ali. Isso me ajudou a fazer um esforço consciente para me livrar do maior número possível daquelas atitudes. Espero que provoque o mesmo efeito em você.

Saiba agora o que as pessoas não gostam de ouvir. Resolvi chamar os itens da lista a seguir de "Os Trinta Vilões".

1. Bravatas e comentários pretensiosos sobre si mesmo
2. Palavrões e linguagem chula
3. Fofocas
4. Palavras de ódio
5. Mentiras
6. Palavras maldosas, capazes de magoar
7. Julgamentos da vida alheia
8. Frases de autopiedade
9. Observações desanimadoras
10. Comentários constrangedores e humilhantes sobre alguém
11. Excesso de críticas e de indicação de falhas
12. Reclamações, resmungos e lamúrias
13. Linguagem rude, demonstrando falta de consideração
14. Provocações
15. Manipulação
16. Tentativas de impressionar com observações falsas e insinceras
17. Piadas racistas
18. Comentários machistas
19. Preconceitos contra idosos
20. Atitudes negativas, destacando sempre o que está errado
21. Ameaças
22. Discussões
23. Interrupções, impedindo que alguém conclua o que está dizendo
24. Histórias inventadas para parecerem mais interessantes do que a que está sendo contada por alguém
25. Tiradas de sabichões
26. Falsos elogios
27. Gritos
28. Depreciações para mostrar a própria superioridade
29. Exageros
30. Culpas e acusações

“Os Quatro Vilões Mais Comuns”

Ao longo dos anos, tenho perguntado aos meus alunos e às pessoas que participam dos meus workshops quais dos “Trinta Vilões” elas ouvem com mais freqüência e que parecem estar tirando o brilho da nossa cultura. Os mais votados são sempre:

1. Palavrões e linguagem chula
2. Reclamações, resmungos e lamúrias
3. Palavras maldosas, capazes de magoar
4. Linguagem rude, demonstrando falta de consideração

Gostaria de comentar brevemente os três primeiros itens e tratar do quarto elemento no capítulo 9 (As palavras bondosas demonstram respeito e gratidão).

Palavrões e linguagem chula

> *Os americanos, em sua maioria, estão espantados com a torrente de linguagem chula que vem ganhando força no país e têm se mostrado preocupados com o impacto que isso exerce sobre os antigos conceitos do que seria o discurso civilizado.*
>
> – Richard Corliss

Alguns anos atrás, fiquei um tanto consternado, mas não chocado, ao ver qual era a reportagem principal de um número da revista *Time*. Na capa, havia um desenho de uma grande boca da qual saíam armas, facas, bombas, chamas e outros símbolos sinistros. No alto, em letras garrafais, lia-se o título – “Palavrões” – e, embaixo, o subtítulo – “A boca suja da cultura pop americana”.

No miolo da revista, o artigo começava com estas palavras: “O mundo está dominado pelo palavrão: no rock e no rap, nos filmes e na televisão, na ficção e na vida real. Muitas pessoas adoram esse linguajar, especialmente as crianças. Outras o odeiam ou não o compreendem.” Ao longo da matéria, informações que já são do nosso conhecimento: os palavrões são parte importante da indústria de entretenimento e, conseqüentemente, também estão inseridos na linguagem do dia-a-dia. Somos o que somos por causa do que está na nossa mente.

Para lhe dar uma idéia de quanto as coisas mudaram, basta contar uma história, fruto da experiência dos meus muitos anos de trabalho em sala de aula com estudantes do ensino médio. Durante os primeiros vinte anos em que lecionei, nunca tive problemas com palavrões nem com linguagem chula. Quando um aluno (meninas não falavam palavrões naquela época) deixava escapar um termo obsceno, eu lhe fazia uma pergunta simples: "Você fala assim na frente dos seus pais?" A resposta era sempre negativa. Portanto, eu lhe pedia simplesmente que também não falasse palavrões na minha presença. Meus alunos sempre aceitaram isso.

No entanto, em algum momento da década de 1980 isso começou a mudar. Quando eu perguntava aos alunos se eles falavam daquele jeito na frente dos pais, a resposta era sempre afirmativa. E muitas vezes acrescentavam: "Eles também falam desse jeito na nossa frente." Portanto, eu teria que aposentar a velha pergunta e arranjar uma nova. Foi o que fiz, e deu certo até 2001, o último ano em que lecionei. Minha nova indagação era: "Existe algum lugar onde você não fale palavrão?" Como no caso de todos eles havia um local onde não usavam esse tipo de linguagem, a resposta era sempre positiva. Tudo o que eu precisava fazer era avisar: "E agora existe mais um lugar – minha sala de aula."

Tanto na condição de pai quanto na de professor, sempre procurei ser realista e prático no que diz respeito à linguagem. Estava criando três garotos em casa e convivendo com adolescentes durante o dia e desejava ajudar todos eles a lidar com esse novo problema social. Como não sou um puritano nem um pregador de extrema direita, não acreditava que fazer sermões sobre os malefícios da linguagem chula tivesse alguma utilidade. Mas estava certo de que conseguiria bons resultados transmitindo a eles noções de decoro, civilidade e cortesia.

Fazia aos alunos uma série de perguntas que sempre provocavam reflexões e discussões bastante produtivas:

- Vocês me veriam da mesma maneira se eu estivesse sempre falando palavrões?
- Isso baixaria o nível das minhas aulas e pioraria o clima dentro de sala?
- Pessoas educadas e cultas falam dessa maneira?
- Pessoas que ocupam posições importantes e de liderança usam esse tipo de linguagem?
- Há lugares na nossa sociedade onde vocês não querem ouvir esse tipo de linguagem?
- Vocês acham que existem pessoas que podem ficar ofendidas quando escutam palavras dessa natureza?
- As pessoas que usam essa linguagem em público são grosseiras ou gentis?
- O que revelamos sobre nós mesmos quando estamos sempre falando palavrões?

Eles compreendiam. O que realmente os ajudava a entender essa questão eram suas próprias respostas à última pergunta. Veja o que os adolescentes afirmavam sobre as pessoas que xingam habitualmente:

- Elas estão zangadas.
- Elas não têm educação.
- Elas são grosseiras e não mostram consideração.
- Elas têm um vocabulário limitado.
- Elas não são criativas e possuem pouca imaginação.
- Elas não têm competência.
- Elas têm mentes sujas.

Até os alunos que admitiram falar muitos palavrões afirmaram que esse exercício os fez pensar sobre o que estavam demonstrando a respeito de si mesmos. Um número significativo deles concordou que estava xingando em excesso e que isso estava se tornando um mau hábito. Depois, muitos vieram me contar, com orgulho, que tinham conseguido melhorar o nível da sua linguagem. Embora não tivessem parado inteiramente de falar palavrões, quase já não faziam isso, especialmente em lugares em que poderiam ofender outras pessoas.

Reclamações, resmungos e lamúrias

Pessoalmente, acredito que desenvolvemos a linguagem por causa da necessidade profunda que sentimos de reclamar.
– Jane Wagner

A maioria das pessoas não faz idéia do quanto se queixa. O motivo disso é que vivemos na cultura da reclamação. Isso está ao nosso redor o tempo todo. Por que nos comportamos desse jeito se temos tanto pelo que agradecer? Minha própria teoria é a de que, quanto mais temos e quanto mais fácil é a vida, mais reclamamos. Consideramos tão naturais tantas das coisas que possuímos que começamos a nos lamuriar assim que algo se torna um pouco menos do que perfeito.

Para fazer com que você tenha uma idéia de quanto reclama, vou lhe passar um pequeno exercício que testei pela primeira vez em 1972 com meus alunos da escola e da faculdade e que hoje em dia utilizo tanto com adolescentes quanto com adultos nas minhas conferências. Numa estimativa conservadora, devo ter feito isso com umas oitenta mil pessoas. Chamei essa atividade de Desafio em Homenagem a Bruce Diaso. Ela consiste no seguinte: começando exatamente agora, passe as próximas vinte e quatro horas sem reclamar de nada. O que meus alunos disseram quando lhes dei essa tarefa? Reclamaram que era muito difícil!

Quantas pessoas já conseguiram realizar esse exercício? O espantoso total de cinco. Levei vinte e três anos para encontrar a primeira. Enquanto escrevo estas palavras ainda estou à procura de outras. Das cinco, quatro eram quatro alunos meus do ensino médio e a outra era um adulto. Isso quer dizer que uma em cada dezesseis mil pessoas a quem passei essa tarefa conseguiu cumpri-la. Tentei chegar a uma porcentagem, mas o número era muito pequeno. Milhares de pessoas recusaram-se até mesmo a tentar. Por quê? "Porque é impossível ficar um dia inteiro sem reclamar", muitas disseram.

A pergunta que realmente importa é: será que as pessoas que tentaram aprenderam algo de útil? Com certeza, sim. Veja o que ouvi delas em mais de trinta anos:

- Reclamei já nos primeiros dez minutos.
- Não dá para acreditar como é difícil ficar sem reclamar.
- Não fazia a menor idéia de que reclamava tanto.
- Todo mundo reclama muito.
- Reclamo de coisas idiotas. Eu não deveria nem estar reclamando por motivos tão banais.
- Reclamar é apenas um hábito.
- Preciso parar de reclamar desse jeito.

Vou explicar os motivos que me levaram a imaginar essa tarefa e por que a chamei de Desafio em Homenagem a Bruce Diaso. Bruce foi um colega de turma que tive na Universidade de São Francisco. Até hoje, o considero uma das pessoas mais fantásticas que já conheci. Ainda adolescente, Bruce passou a sofrer de paralisia em decorrência da poliomielite. Quando chegou à Universidade de São Francisco, as únicas partes do corpo que ele conseguia mexer eram as mãos (mas não os braços) e a cabeça. Dotado de um cérebro privilegiado, Bruce levava no coração uma enorme vontade de viver. E ninguém *jamais* o ouviu reclamar.

Todos nós ficávamos admirados com sua disposição. Certo dia, durante um almoço, perguntei-lhe como conseguia ter uma atitude tão positiva o tempo todo. Sua resposta foi simples, sábia e profunda: "Não queria passar o resto da vida sentindo pena de mim mesmo nem com raiva. Em vez disso, decidi ser agradecido." Embora eu tenha ficado um pouco constrangido, quis saber pelo que ele se sentia grato. Bruce disse: "Uma série de coisas: Deus, minha família, minha religião, meus amigos, a universidade, meus professores, o cérebro que tenho e uma vida cheia de oportunidades." Recebi uma excelente educação nas salas de aula da Universidade de São Francisco, mas o que obtive com aquela conversa informal durante um almoço foi provavelmente a mais valiosa lição que já aprendi: manter o foco na parte boa da vida e ser agradecido por isso.

Bruce seguiu seu caminho, formou-se com louvor e conquistou uma bolsa na faculdade de Direito. Depois retornou à sua cidade natal, onde deu início a uma bem-sucedida carreira de advogado. Infelizmente, sua vida foi interrompida muito cedo. Ele morreu aos trinta e um anos. Seu corpo frágil não suportou o esforço. Bruce, no entanto, deixou um precioso legado porque fez um grande bem a todos com quem conviveu. Sempre me lembrarei dele. Em primeiro lugar, porque foi a pessoa mais grata que já conheci – ele me ensinou a me concentrar no lado bom da vida e a me sentir agradecido por isso. Em segundo lugar, por não ter reclamado de nada durante todos aqueles anos em que estivemos juntos. Você conseguiria fazer isso por pelo menos um dia?

As palavras maldosas, capazes de magoar

Paus e pedras podem quebrar meus ossos, mas as palavras conseguem partir meu coração.

– Robert Fulghum

Sem sombra de dúvida, de todas as partes deste livro esta é a mais difícil de escrever. Por dois motivos. O primeiro é que ela trata de algo que considero absolutamente detestável: usar as palavras como se fossem armas, empregá-las com o objetivo deliberado de causar dor a outras pessoas, muitas vezes um sofrimento profundo e duradouro. O segundo é que isso traz à mente lembranças perturbadoras de ocasiões em que nos sentimos intensamente magoados por termos sido alvo de palavras ofensivas ditas de maneira impensada ou de modo intencional por alguém. Peço desculpas se isso fizer com que você se recorde de episódios dolorosos, mas estou convencido de que é importante usarmos experiências desse tipo para nos aprimorar. Se compreendermos quanto nos sentimos feridos pelas palavras de alguém no passado, as chances de fazermos isso com outra pessoa serão provavelmente menores. Há milhares de anos, Confúcio nos aconselhou a não fazer com os outros o que não gostaríamos que fizessem conosco. Esse conselho bastante sábio inclui não causar mágoas por meio de palavras.

Será que esse tipo de linguagem usada para ofender é mais comum hoje em dia do era que no passado? Pesquisas indicam que sim e muitos sociólogos confirmam isso. As causas apontadas são numerosas, no entanto o principal motivo, segundo eles, é a mídia ligada ao entretenimento. No fim dos anos 1960, os filmes começaram a se tornar mais "realistas" com o uso de um linguajar mais grosseiro. Isso parece ter aberto as comportas. O fenômeno acabou alcançando a indústria da televisão, das comédias e da música popular. E, a reboque do que costumávamos chamar de "palavreado de baixo calão", veio a violência verbal – ou seja, o emprego da linguagem rude para humilhar as pessoas. Na verdade, isso se tornou uma forma de entretenimento. Atualmente, escutamos esse tipo de coisa quase todas as vezes que ligamos a televisão. Só posso crer que existem pessoas que consideram engraçado agredir verbalmente os outros, magoá-los e menosprezá-los.

Outro motivo para a disseminação dessa linguagem cruel é o aumento do nível de estresse. Nessa sociedade dominada pela tecnologia, em que acumulamos um número cada vez maior de tarefas, milhões de pessoas acabam se privando de coisas como horas de sono, descanso e tempo para reflexão. São exatamente essas pessoas que parecem estar sempre apressadas, com os nervos à flor da pele e prontas para explodir a qualquer momento. Elas ficam frustradas, depois irritadas e, em seguida, começam a lançar fel pela boca. As vítimas são muitas. Ouvimos esse linguajar duro todos os dias – nas lojas, no trabalho, nas famílias, nas escolas, nos eventos esportivos, nos aeroportos, nos carros – por toda parte.

Infelizmente, a maioria de nós costuma estar na outra ponta da corrente, naquela que é alvo desse tipo de grosseria que nos machuca muito mais do que paus e pedras. Algumas palavras parecem ter o dom de penetrar na psique. Elas se instalam ali, causam enormes danos e costumam deixar feridas que levam um longo tempo para cicatrizar. Da maneira mais veemente, peço a você que aprenda a controlar a língua, sobretudo numa situação de grande tensão emocional. Depois que dizemos algo, não há como voltar atrás, é impossível apagarmos o que foi dito. E essas palavras, pronunciadas em poucos segundos, podem seguir causando sofrimento por anos a fio.

... a língua perversa corta o coração.
– Provérbios 15:4

Usando o método de Benjamin Franklin para nos corrigir

Fiquei fascinado por Benjamin Franklin ainda na época do colégio, quando li sua autobiografia. Uma das coisas que me impressionaram foi o método que ele usava para se livrar dos maus hábitos. Num pequeno diário, ele escrevia uma lista dos comportamentos que gostaria de mudar. Assim, no fim de cada dia, colocava um ponto no diário para cada vez que agia da forma que estava tentando evitar. Sua meta, é claro, era permanecer muitas semanas sem acrescentar nenhum ponto à página.

Fiz com que meus alunos, tanto os da escola quanto os da universidade, empregassem esse método como uma tarefa relativa aos "Trinta Vilões". E deu certo. Depois de lhes mostrar a lista com as trinta atitudes prejudiciais, perguntava se alguém na sala tinha dificuldade para se livrar de pelo menos alguns daqueles hábitos. A resposta que eu mais ouvia era: "Não são apenas alguns." Então, pedi que selecionassem as três ações que mais desejavam evitar. Depois, dei a cada um deles três cartões. Mandei que escrevessem um daqueles péssimos comportamentos no alto de cada cartão e inserissem a data ao lado. Eles deveriam andar sempre com os cartões e colocar um ponto no cartão apropriado cada vez que dissessem aquilo que estavam tentando evitar. Fizemos isso por cinco dias consecutivos. Digo "fizemos" porque realizei o exercício com eles.

Embora nem todos os estudantes tenham levado a tarefa a sério, aqueles que o fizeram se beneficiaram muito com isso. Descobriram como é difícil romper com velhos hábitos (especialmente os verbais), gostaram do desafio e progrediram em direção aos seus objetivos. Eu já havia usado aquele método antes, mas nunca aplicado à linguagem. Foi mais complicado do que imaginava. Mesmo assim, consegui me tornar significativamente mais consciente das opções verbais e eliminar algumas coisas desagradáveis que escapavam da minha boca com uma regularidade maior do que eu suspeitava.

Ainda sobre "Os Trinta Vilões". Para começar, nenhum de nós é perfeito, e não devemos nos açoitar cada vez que cometemos um erro – nem no plano verbal nem em qualquer outro. Se formos capazes de reduzir essas falhas e melhorar a forma como nos dirigimos aos outros, isso já será um progresso. Em segundo lugar, há momentos em que precisamos manifestar nossas críticas, situações em que temos todo o direito de reclamar, ocasiões em que a expressão da nossa raiva se justifica. O importante é aprendermos a adotar essas atitudes nas circunstâncias certas e da maneira correta. Quanto aos outros vinte e sete itens da lista, faríamos muito bem se nos livrássemos deles.

> *A verdadeira arte da conversação não consiste apenas em dizer a coisa certa no lugar certo, mas – o que é muito mais difícil – em deixar de dizer a coisa errada no momento mais tentador.*
>
> – Dorothy Nevill

O rei Salomão fala sobre as palavras que ferem e ofendem

Preserva tua boca da malignidade, longe dos teus lábios a falsidade. 4:24

... a boca do ímpio, porém, esconde injustiça. 10:11

... é um insensato o que profere calúnias. 10:18

O falador fere com golpes de espada. 12:18

... quem muito abre seus lábios se perde. 13:3

O perverso cava o mal; há em seus lábios como que fogo devorador. O perverso excita questões, o delator separa os amigos. 16:28

O homem de língua tortuosa cai em desgraça. 17:20

Os lábios do insensato promovem contendas; sua boca atrai açoites. 18:6

A boca do insensato é sua ruína... 18:7

– Livro dos Provérbios

Capítulo 4

As palavras vêm do coração

A boca fala daquilo de que o coração está cheio.

– Lucas 6:45

Nossas palavras revelam quem somos

Anos atrás, um amigo mais experiente e mais velho do que eu me disse: "Toda vez que abrimos a boca, revelamos algo a nosso respeito." Ele fez essa observação durante uma das muitas discussões nas quais, de modo informal, agiu como meu conselheiro. Eu estava passando por uma dessas fases ruins que de vez em quando enfrentamos na vida. Mesmo assim, acreditava piamente que estava mantendo aquele sentimento negativo só para mim. Meu amigo me mostrou que não era bem assim. Segundo ele, nossas conversas sempre se iniciavam de um modo positivo, porém era só uma questão de tempo até que eu começasse a dar vazão à frustração e à raiva. De uma forma bastante delicada, ele me ajudou a entender que nossas palavras refletem o que trazemos no nosso íntimo.

O jornalista e escritor Robert MacNeil diz que, quando analisamos nossa própria linguagem, aprendemos a nos conhecer melhor. Esse homem, que tem usado as palavras com tanto sucesso ao longo da sua carreira, afirmou que sua primeira grande lição sobre a relação entre o autoconhecimento e as palavras veio com a leitura do clássico *A linguagem no pensamento e na ação*, de S. I. Hayakawa. MacNeil elogiou Hayakawa por mostrar como devemos empregar a linguagem para "sermos menos agressivos, menos temerosos, mais cooperativos e mais razoáveis". Ele disse que essas lições o ajudaram tanto na vida pessoal quanto na profissão. E mencionou a sabedoria expressa no oráculo de Delfos – "Conhece a ti mesmo" –, ressaltando que podemos conseguir isso observando com mais atenção as palavras que utilizamos.

O que as palavras revelam, segundo Freud

Sigmund Freud talvez tenha sido objeto de mais piadas do que qualquer outro personagem da história. Não importa o que você pensa a respeito dele – se o considera um maluco, um grande cientista ou um pouco de ambos –, o fato é que Freud fez com que olhássemos para nós mesmos de um jeito diferente. Conseguiu isso ao revelar o plano subconsciente da mente. Ele também mostrou que o que acontece dentro de nós encontra uma maneira de escapar verbalmente – é o chamado ato falho freudiano.

Freud experimentou várias técnicas na tentativa de ajudar seus pacientes a chegar à raiz dos seus problemas psicológicos. Uma delas era a aplicação intensiva da psicanálise, outra era a hipnose. Sua maior descoberta, porém, ocorreu graças a um acidente. Ele constatou que bastava conversar com os pacientes, fazendo com que o discurso deles fluísse da maneira mais livre possível, para que a verdade acabasse escapulindo. Essa é uma teoria freudiana com a qual a maioria dos psicólogos concorda. O mais importante nessa questão é o fato de que as palavras, mesmo quando estamos tentando esconder nossos sentimentos, revelam o que trazemos dentro de nós.

Guardamos as coisas no coração ou na mente?

As pessoas usam freqüentemente expressões como "abrir o coração" e "agradecer do fundo do coração". Muitas vezes fiquei imaginando por que mencionar o coração, um órgão que bombeia sangue, se, na verdade, é na mente que armazenamos informações, sentimentos, etc. Entretanto, "abrir a mente" e "agradecer do fundo da mente" são frases que não soam muito bem. Usamos há tanto tempo o coração como símbolo dos sentimentos mais profundos que ele já se tornou parte integrante do nosso vocabulário. Os dicionários apresentam muitas definições de "coração", e uma delas se refere ao aspecto emocional ou moral em contraposição à natureza intelectual. Outras o remetem às inclinações, aos sentimentos e ao temperamento mais íntimo das pessoas. Então, o coração é mesmo o lugar onde mantemos todas as nossas palavras.

O que está guardado... e como chegou até lá?

Se o que sai pela nossa boca é o excesso do que está guardado no nosso coração, o mais sensato é darmos uma boa olhada nessa fonte. Precisamos examinar as palavras que têm escapulido de dentro de nós ou que estão para escapulir. Porém, mais importante ainda, devemos nos perguntar em primeiro lugar como elas foram parar lá. Que tipos de palavras estamos absorvendo?

Em qualquer lugar que estejamos, somos constantemente bombardeados por mensagens e informações que partem de fontes diversas, como conversas, anúncios, programas de rádio e televisão, jornais, livros, revistas, músicas, internet, e-mails, etc. Não sei se alguém já estudou isso, mas fico imaginando quantos milhares de palavras entram na nossa mente todos os dias.

Para você ter uma idéia: uma pessoa falando num ritmo regular, como um professor ou um padre, pronuncia cerca de seis mil palavras em apenas uma hora. É verdade que não ficamos assistindo a aulas e ouvindo sermões o dia inteiro (embora às vezes tenhamos essa impressão), entretanto imagine quantas palavras são bombeadas para dentro de nós num dia normal. Fiquei tão intrigado com essa questão que eu mesmo decidi promover por conta própria uma pesquisa informal e nada científica a esse respeito. Durante uma semana, fiz os cálculos de quantas palavras eu ouvia e lia. Minha estimativa foi de mais de quarenta mil por dia. É muita coisa para absorver.

É óbvio que quase todas essas palavras fazem o que esperamos que façam: entram por um ouvido e saem pelo outro. Muitas delas, no entanto, têm o poder de permanecer na nossa mente, sobretudo as que ouvimos repetidas vezes. Essas são as que provavelmente usaremos ao falar com os outros, porque elas irão, de fato, escapulir. Como a principal idéia que estou defendendo neste livro é a de que palavras amáveis, positivas e encorajadoras podem transformar o mundo num lugar melhor, o ideal é termos certeza de que nosso coração, de onde as palavras escapam, realmente tem algo de bom.

Podemos controlar o que acontece lá dentro?

Você é o que é por causa daquilo que entra na sua mente.
– Zig Ziglar

Zig Ziglar é um escritor e conferencista texano especializado em motivação. Sempre gostei dele e o admirei por muitos motivos. É sábio, positivo, engraçado, respeitoso e tem bom senso. Além disso, é autor de máximas que vão direto à questão. Uma das suas melhores e mais sábias frases é a que abre esta seção. Durante muitos anos eu a mantive num cartaz afixado na minha sala de aula. Não estou falando apenas de educação formal, e sim de *todo tipo* de educação. É mesmo verdade que somos o que somos por causa daquilo que entra na nossa mente.

Mas afixei essa frase lá por um motivo ainda mais importante. Quase todo dia, eu chamava a atenção dos alunos para o fato de que estávamos sendo inundados por um verdadeiro dilúvio de palavras. As imagens que elas representam entram na nossa mente e exercem um forte efeito sobre a maneira como pensamos e falamos. É claro que não temos como dominar todas as mensagens com que somos bombardeados, mas possuímos um controle maior do que imaginamos. Podemos fazer duas coisas para garantir que nosso coração permaneça cheio de palavras boas.

1. Varrer o lixo

Há muitos anos, na primeira vez em que ouvi Zig Ziglar falar, ele disse diversas coisas que chamaram minha atenção. Uma delas era uma pergunta: "Você deixaria que alguém entrasse na sua casa e despejasse o conteúdo de um enorme saco de lixo bem no meio da sua sala?" Até aquele momento, creio que ninguém no auditório tinha idéia do seu propósito com aquilo, porém ele esclareceu tudo com a pergunta seguinte: "Se vocês não permitiriam que alguém esvaziasse um saco de lixo na sua sala, então por que deixariam que essa pessoa esvaziasse um saco de lixo bem dentro da sua mente?"

Ele prosseguiu, falando sobre as muitas fontes de onde as palavras saltam sobre nós todos os dias e sobre o poderoso efeito que podem exercer. Também nos lembrou de que a simples atitude de prestarmos mais atenção no que entra no nosso "sistema" nos permite fazer uma varredura para eliminar grande parte desse material negativo. Temos como trocar o canal da televisão, mudar de emissora de rádio, fechar as páginas de uma publicação que consideramos ofensiva e evitar, pelo menos em alguma medida, a presença de pessoas que nos arrastam para baixo com conversas sombrias. Em outras palavras, podemos, *sim*, nos livrar de uma boa quantidade das mensagens negativas que estamos sujeitos a absorver.

2. Começar o dia alimentando a mente com algo positivo

O amigo e mentor que mencionei no início deste capítulo me ensinou algo muito útil no mesmo dia em que me disse que as palavras sempre revelam o que se passa dentro de nós. Na verdade, considero essa mensagem uma das minhas "grandes lições da vida", porque ela vem afetando meu dia-a-dia de modo positivo por mais de trinta anos.

Ele me contou que sempre começava o dia alimentando sua mente com alguma coisa boa. Costumava se levantar vinte minutos mais cedo do que o necessário e, antes de ligar o rádio ou a televisão ou de dar uma olhada no jornal (que, certamente, estaria repleto de más notícias), sentava-se na tranqüilidade da manhã com uma xícara de café quente na mão e lia algo inspirador. Essa atitude, segundo ele, influenciava de forma positiva o resto do seu dia. Acrescentou que vinha fazendo aquilo por tanto tempo que não conseguia mais imaginar outra maneira de dar início ao dia.

Pelo que me lembro, comecei a fazer a mesma coisa já na manhã seguinte àquela conversa. O efeito foi tão espantoso que aderi imediatamente a esse hábito. Descobri que alimentar minha mente a cada manhã com algo positivo fazia com que meu dia seguisse numa boa direção porque me induzia ao estado de espírito certo. Esse é um dos melhores hábitos que cultivo. Agora que chegou minha vez de ser o mentor, freqüentemente aconselho as pessoas a fazerem o mesmo.

Durante os primeiros anos em que fiz isso, eu lia livros de conferencistas especializados em motivação. Era como assistir a uma palestra todas as manhãs, cheia de idéias novas e positivas para me acompanhar pelo resto do dia. Também lia textos da área de psicologia, em especial trabalhos sobre "potencial humano". Todo esse material tinha uma abordagem bastante otimista, e o fato de começar o dia em contato com essas idéias sempre me ajudava. Muitas vezes, sentia vontade de compartilhar com os alunos o que tinha lido logo cedo, assim esse hábito se tornou uma extensão do meu trabalho de professor. Eles costumavam me perguntar de que forma eu conseguia manter uma atitude tão positiva e animada, particularmente pela manhã. Disse-lhes que começava cada dia com um "café da manhã alto-astral". Eles queriam saber o que era isso. Minha resposta era: "Café, pão e inspiração."

Ao longo dos últimos anos, o conteúdo dessas leituras matinais mudou muito, mas são elas que continuam a dar o tom para o resto do meu dia e que influenciam minha maneira de falar. Atualmente, leio as Escrituras e trechos de livros de autores como Santo Agostinho, Harold S. Kushner e outros que investigam o lado espiritual da natureza humana. Considero essas leituras ao mesmo tempo consoladoras e estimulantes. Mantenho o hábito do "café da manhã alto-astral", porém agora ele é composto de café, pão e sabedoria.

> *Quanto mais comunicamos o bem, mais abundante ele se torna.*
>
> – John Milton

> *Quando encontrar seu amigo*
> *à beira da estrada*
> *ou no mercado,*
> *deixe que o espírito em você*
> *mova seus lábios*
> *e dirija sua língua.*
>
> – Kahlil Gibran

Capítulo 5

As palavras são escolhas

Respeite o poder das palavras.
Escolha-as com cuidado.
– Biscoito da sorte chinês

Opções conscientes ou inconscientes?

Há um capítulo no meu primeiro livro sobre como fazer escolhas. Seu título é "Vivemos por opção, não por acaso". Sua mensagem principal é nos lembrar de que fazemos escolhas o tempo todo, no entanto muitas vezes não percebemos isso. Uma das escolhas importantes que ressalto naquele capítulo é a que diz respeito à maneira como tratamos as pessoas: "Podemos humilhá-las ou podemos estimulá-las. Podemos ser egocêntricos e desconsiderá-las ou podemos ser respeitosos, gentis e prestativos." Em grande medida, fazemos essas coisas por meio da linguagem que usamos.

Certa vez, fui relembrado da importância de fazermos escolhas com a mente e com a boca por uma fonte inesperada: um comercial de televisão. Eu estava passando rapidamente de um canal para outro quando um sujeito com uma aparência muito chamativa apareceu na tela. Como se tratava de uma figura interessante e diferente – uma mistura de marombeiro, vendedor ambulante e psicólogo –, ele prendeu minha atenção por alguns minutos a mais do que seria normal. Sempre achei divertido ouvir esse tipo de "psicobobagens", e aquele cara parecia ter um estoque inesgotável delas. Ali estava uma espécie de Apolo bronzeado que ficava chamando a si mesmo de "doutor" enquanto flexionava os músculos e vendia um programa de emagrecimento. Ele disse: "Vou ajudar você a fazer escolhas melhores." Em seguida, perguntou num tom de voz bem mais alto: "Você tem consciência de que cada coisa que entra na sua boca representa uma *escolha?*"

Troquei de canal quando ele começou a tentar empurrar sua linha de produtos alimentícios, que chamava de "as escolhas certas". De qualquer modo, fiquei agradecido por sua rápida visita porque aquelas palavras me fizeram pensar em algo importante: não escolhemos apenas o que *entra* na nossa boca, mas também o que *sai* dela. No entanto, mais uma vez, nem sempre temos consciência de que estamos fazendo escolhas. Tony Robbins, conferencista especializado no aprimoramento do desempenho individual, afirmou: "Quase todos nós fazemos escolhas inconscientes em relação às palavras que usamos. Avançamos como sonâmbulos em meio a um labirinto de possibilidades que estão ao nosso alcance."

Maya Angelou fala sobre a escolha das palavras

A escritora Maya Angelou é um dos meus maiores ídolos porque tem a capacidade de fazer com as palavras o que poucos conseguem. Ela as usou, por exemplo, para escrever best-sellers e ganhar o Prêmio Pulitzer. Um dos motivos pelos quais Angelou é tão habilidosa nessa arte é o fato de ter plena consciência do poder das palavras. Numa entrevista à revista *USA Weekend*, ela disse: "Acredito que as palavras são coisas tangíveis, e não efêmeras... e que, uma vez pronunciadas, não morrem." Nessa mesma entrevista, Angelou fez uma das afirmações mais relevantes que já li a respeito do impacto que a escolha que fazemos das palavras pode ter sobre os outros:

> *As palavras entram no corpo. Assim, fazem com que nos sintamos bem, esperançosos, felizes, cheios de energia, maravilhosos, engraçados e alegres. Ou elas podem nos deixar deprimidos. Elas entram no corpo e fazem com que fiquemos tristonhos, amargos, deprimidos e, finalmente, doentes.*

Examinando essa afirmação mais atentamente, percebemos que diz que nossas palavras "entram no corpo" de outra pessoa e podem fazer com que ela se sinta

- esperançosa
- feliz
- cheia de energia
- maravilhosa
- engraçada
- alegre

Mas, se escolhermos palavras diferentes, elas também "entram no corpo" de outra pessoa, podendo fazer com que ela se sinta

- tristonha
- amarga
- deprimida
- doente

Que tipos de palavras queremos que entrem no nosso corpo? Que tipos de palavras desejamos colocar no corpo daqueles à nossa volta? Essas são escolhas importantes, e as fazemos todos os dias.

> *Você compreenderá agora o poder que suas palavras possuem, caso simplesmente as escolha com sabedoria.*
>
> – Anthony Robbins

Escolhas na comunicação do dia-a-dia

Se perguntassem aos meus alunos, tanto aos da escola quanto aos da universidade, quais das minhas lições de vida eu mais havia enfatizado nas aulas, muitos deles responderiam "escolhas". No início de cada curso, dizia que eles estavam fazendo escolhas o tempo todo e frisava essa idéia diariamente. Também mantinha na sala de aula um enorme cartaz laranja que exibia uma única palavra –

Escolhas. Mesmo quando eu não estava falando sobre esse assunto, eles estavam vendo esse termo à sua frente.

Também passei a dar início a cada curso de comunicação com um exercício simples que ajudava a aumentar o grau de consciência dos alunos. Essa tarefa se chamava Escolhas na Comunicação do Dia-a-dia. Eu perguntava a eles qual era a melhor opção em cada um dos pares a seguir:

Reclamar	Expressar gratidão
Xingar	Usar palavras decentes
Mentir	Falar a verdade
Arrasar as pessoas	Levantar o astral das pessoas
Usar palavras rudes	Usar palavras amáveis
Ignorar as pessoas	Cumprimentar as pessoas
Fazer fofoca	Não fazer fofoca
Não reconhecer o esforço alheio	Valorizar as pessoas
Rir de alguém	Rir com alguém
Culpar alguém	Aceitar a responsabilidade
Falar de si mesmo	Perguntar sobre os outros
Mostrar o que está errado	Celebrar o que está certo
Pular o nome das pessoas num cumprimento	Dizer o nome delas ("Oi, João.")
Desestimular as pessoas	Estimular as pessoas
Mandar fazer	Pedir para fazer
Usar palavras e tom raivosos	Usar palavras e tom gentis
Ser sarcástico	Ser sincero
Interromper a fala das pessoas	Ouvir enquanto alguém fala
Evitar olhar nos olhos	Fazer contato com os olhos
Fechar a cara	Sorrir

Não será nenhuma surpresa dizer que as escolhas feitas tanto pelos adolescentes quanto pelos adultos pertenciam de forma esmagadora à coluna da direita. As melhores escolhas eram tão óbvias que alguns dos estudantes diziam que aquela tarefa dispensava o uso do cérebro.

Mas marcar as opções numa folha de papel no interior de um ambiente controlado como uma escola e adotá-las *na prática*, no dia-a-dia, são duas coisas bem diferentes. Perguntei-lhes se alguma vez tinham feito as "escolhas erradas", como mentir, fofocar, xingar, etc. Todos eles tinham incorrido em comportamentos desse tipo. Quis saber se havia alguém na sala que *nunca* havia feito uma das "escolhas erradas". Ninguém se manifestou. Então aconteceu o que era previsível. Alguém sempre dizia alguma coisa como: "É verdade, mas não sabíamos que estávamos fazendo uma escolha." Eu adorava isso! Era esse o objetivo daquela atividade, e nós sempre terminávamos com uma boa discussão sobre como as palavras representam – de verdade – escolhas. Os alunos também concordavam com a idéia de que costumamos falar muita coisa sem pensar. Em geral, escolhemos inconscientemente as palavras.

Cumprimentos são uma escolha

Uma das situações em que costumamos fazer essas escolhas inconscientes de palavras ocorre quando cumprimentamos alguém. Veja se o diálogo a seguir soa familiar.

– Oi, Maria. Como você está?

– Oi, João. Estou bem. E você?

– Estou bem.

– Ótimo.

Certamente não há nada de errado com essa banal troca de palavras entre duas pessoas. É provável que seja repetida milhões de vezes todos os dias e, em geral, num tom amistoso. Porém, ela também é feita de um modo um tanto mecânico. Atualmente, esse diálogo é adotado como uma espécie de padrão em termos de cumprimentos. Será que estamos mesmo querendo saber como as pessoas estão ou só desejamos ouvi-las dizer "estou bem" para depois seguirmos em frente? Na maioria dos casos, a resposta é a segunda opção.

Há muitos anos, cheguei à conclusão de que cada cumprimento contém pelo menos quatro oportunidades maravilhosas: de sermos um pouco mais criativos, usando a imaginação; de nos divertirmos; de levantarmos o astral da outra pessoa; e de provavelmente levantarmos nosso próprio astral. Num ano normal na escola, eu costumava ter em torno de cento e setenta alunos. Como encontrava cada um deles na porta da sala antes das aulas, eu dava e recebia cento e setenta cumprimentos por dia. Havia apertos de mão, abraços, dedos para baixo, dedos para cima, leves socos de uma mão contra outra e uma série de gestos diferentes que eles escolhiam. E cada um deles era acompanhado de uma calorosa troca de palavras. Começar o dia daquela maneira era algo que me dava uma energia incrível.

No começo de cada ano, eu era brindado com o tradicional "Como vai você?" por parte de noventa por cento dos meus alunos. No entanto, eles não recebiam de volta o tradicional "Muito bem, obrigado". Eu usava uma grande número de respostas, e minha favorita era: "Ah, eu estava bem, mas, agora que você está aqui, estou me sentindo melhor ainda!" Como era algo inesperado, geralmente provocava risos. E, como eu adorava de verdade aqueles adolescentes e estava mesmo feliz em vê-los, minha resposta também alegrava o dia deles. Era sempre uma situação positiva para todos.

Havia ainda uma porção de coisas que eu lhes perguntava quando nos cumprimentávamos. Tentava evitar os batidos "E aí?" e "Como vai?". Em vez disso, optava pelas perguntas EP – "estrategicamente positivas" –, que também lhes ensinei a fazer. Trata-se de indagações específicas e que sempre suscitam respostas específicas e positivas. Veja alguns exemplos:

- A quem você está agradecido? E por quê?
- Até esse momento, qual foi o grande acontecimento do seu dia?

- Qual foi o melhor lugar em que você já esteve?
- Qual é uma das suas metas importantes?
- Quem é seu melhor amigo? Por quê?

Ao todo, meus alunos e eu provavelmente desenvolvemos mais de cem perguntas. Descobrimos que esse método proporcionava ótimos resultados. As perguntas faziam com que as pessoas se sentissem importantes, enquanto as respostas levavam a outras boas perguntas. Assim, a conversa que se seguia era sempre positiva e estimulante. Essas indagações são simples e funcionam. A maneira como cumprimentamos alguém representa uma escolha. Bons cumprimentos propiciam bons relacionamentos, mais energia e mais diversão.

Três escolhas que influenciam nossas palavras

1. Tom de voz

Não é tanto o que você diz, mas a maneira como diz.
Não é tanto a linguagem que você usa, mas o tom que utiliza para se comunicar.

– Autor desconhecido

Muitos psicólogos sociais sustentam que até quarenta por cento da comunicação verbal é transmitida pelo tom da voz. Às vezes pode ser até mais do que isso. A entonação que utilizamos está no cerne de tudo o que dizemos, pois ela indica os sentimentos que estão por trás das palavras. Há pilhas de pesquisas que comprovam isso, porém é possível resumir as descobertas a algo que já sabemos: o tom da voz pode ser tão importante ou até mais importante do que as palavras que empregamos. Ambos são escolhas.

Podemos optar por guardar palavras bondosas no coração e dizer sempre coisas positivas para as pessoas. Mas, juntamente com essas escolhas, precisamos fazer outra – a de *como* transmitiremos essas mensagens. É nesse ponto que entra a empatia. Ela é um dos mais importantes ingredientes de uma comunicação efetiva. Quando somos capazes de nos colocar no lugar da pessoa com a qual estamos falando, temos muito mais chances de estabelecer uma boa interação. A empatia nos ajuda a escolher o tom certo.

2. Linguagem corporal

Nossos corpos "conversam".
– David West

De acordo com os mesmos psicólogos sociais que apontam o tom de voz como responsável por quarenta por cento da comunicação, a linguagem corporal atinge uma porcentagem ainda mais alta. Eles dizem que muitas vezes usamos o corpo para expressar mais da metade do que temos a dizer. Esses especialistas também sugerem que, se quisermos ser comunicadores eficientes, temos que dar particular atenção às nossas expressões faciais, assim como à maneira como usamos as mãos.

No início da minha carreira de professor e, mais tarde, como conferencista, aprendi que a forma como transmitimos algo é tão importante quanto o conteúdo. Na verdade, se o tom e a linguagem corporal não estiverem corretos, a mensagem não atingirá o alvo. Essas também são escolhas que fazemos toda vez que falamos uns com os outros. Sorrisos e gestos amistosos combinam muito bem com palavras amáveis.

3. Toque

Se quiser se aproximar dos que estão à sua volta, tenha consciência do poder de comunicação que há nas suas mãos.
– Alan Loy McGinnis

A Califórnia é um lugar que goza da reputação de ter muitas pessoas afinadas com os conceitos da Nova Era, com uma tendência a manifestar seus sentimentos de uma forma exageradamente aberta e livre, sobretudo no contato físico. Por favor, não conclua que sou uma delas. De fato, toco nas pessoas quando estou conversando com elas, mas isso não tem nada a ver com o lugar onde vivo. Um toque gentil ou um abraço afetuoso, quando ocorrem num cenário apropriado, podem ser uma maneira eficiente de reforçar as palavras. Da mesma maneira que o tom de voz certo pode tornar as palavras amáveis ainda mais suaves, a opção certa quanto a tocar em alguém pode deixá-las mais calorosas.

Durante muito tempo a pele foi considerada uma simples cobertura do corpo. Entretanto, um grande número de pesquisas nos campos da biologia e da psicologia mostra que ela é mais do que isso. Alan Loy McGinnis, terapeuta de família e escritor, diz: "Mais de meio milhão de fibras sensoriais fluem da nossa pele para a medula espinhal e de lá para o cérebro. Como sistema sensorial, a pele é o órgão mais importante do corpo." Essa é a principal razão pela qual o toque suave é parte da terapia. Ele consegue estimular pessoas que estão carentes de afeto. McGinnis acrescenta que, "quando é uma expressão genuína de afeto, o toque pode nos aproximar mais de uma pessoa do que faríamos com ajuda de milhares de palavras". Pense, portanto, no que palavras amáveis, um tom de voz suave e um toque delicado podem conseguir quando combinados.

Outra escolha: às vezes o silêncio vale ouro

Os homens sábios falam porque têm algo a dizer.
Os tolos falam porque têm que dizer algo.

– Platão

É melhor permanecer calado e deixar que suspeitem de que você é um tolo do que abrir a boca e acabar com todas as dúvidas.

– Abraham Lincoln

Talvez esses dois homens tenham dito tudo o que precisamos saber sobre o assunto. Às vezes, deixar de dizer algo é a decisão mais sábia a tomar. Contudo, quantas vezes falamos sem pensar e depois nos arrependemos amargamente? Isso acontece porque a maioria de nós não recebeu orientação e treinamento suficientes em matéria de comunicação. Por esse motivo, não aprendemos a fazer pausas para reflexão, a ouvir com atenção, a desenvolver empatia e a pensar antes de falar. Mesmo assim, podemos adquirir essas habilidades importantes utilizando recursos diversos, como livros e fitas sobre técnicas de comunicação, treino especializado, cursos e, ainda, da melhor maneira: com um bom mentor. Desenvolver o hábito de pensar antes de falar (escolhendo as palavras com mais cuidado) é o primeiro passo para quem deseja aprimorar sua capacidade de se comunicar verbalmente.

> *A sabedoria vem em dez partes das quais nove consistem em silêncio. A décima é ser breve ao falar.*
>
> – Provérbio escocês

Words Can Heal (Palavras podem curar)

É UMA ENTIDADE DEDICADA A NOS AJUDAR A ESCOLHER PALAVRAS MAIS AMÁVEIS.

ELA PEDE QUE AS PESSOAS ASSUMAM O SEGUINTE COMPROMISSO:

Comprometo-me a pensar mais nas palavras que uso.

Tentarei me lembrar de como a fofoca magoa as pessoas, inclusive a mim mesmo, e me esforçarei para eliminá-la da minha vida.

Procurarei substituir palavras que ferem por palavras que encorajam, unem e engrandecem.

Não me sentirei desestimulado quando não conseguir escolher a palavra mais apropriada, afinal tornar o mundo um lugar melhor é uma tarefa árdua.

E estou me comprometendo a fazer isso – uma palavra de cada vez.

"Words Can Heal pede que você pense antes de falar. Um objetivo simples, mas de enorme alcance: tome cuidado com o que você diz e como diz."

– Goldie Hawn

Parte 2

UMA RELAÇÃO EM QUE TODOS GANHAM: AS RECOMPENSAS DAS PALAVRAS POSITIVAS

Neste momento, você tem facilmente ao seu alcance o poder de aumentar a felicidade que existe no mundo. Como? Dirigindo algumas sinceras palavras de apreço a alguém que esteja solitário ou desanimado. Pode ser que amanhã você já tenha se esquecido das palavras amáveis que disse hoje, mas aquele que as ouvir talvez as guarde como algo precioso pelo resto da vida.

– Dale Carnegie

CAPÍTULO 6

As palavras de alegria celebram a vida

O melhor que alguém pode fazer com qualquer dia da sua vida é aproveitá-lo com alegria – e depois estender essa alegria aos outros. Vamos celebrar o dia de hoje!

– John Kremer

O ponto principal deste livro

O que você leu até agora não passou de um aquecimento para a mensagem central deste livro. Nas páginas introdutórias e nos primeiros cinco capítulos, procurei apresentar as bases da nossa compreensão da linguagem em geral e das maneiras como a usamos em particular. Tudo isso foi discutido para cumprir um dos objetivos que tinha em mente ao escrever este livro: aumentar nossa consciência sobre a importância da linguagem e nos lembrar da necessidade de escolhermos as palavras com mais cuidado.

Neste e nos dez capítulos seguintes, pretendo alcançar meu segundo objetivo, ainda mais importante: estimular o uso de palavras positivas que celebrem a vida. Temos a oportunidade de fazer isso cada vez que abrimos a boca. Felizmente, existe um número infinito de coisas boas que podemos dizer. Basta olharmos ao redor.

A arte de encontrar o lado bom

No capítulo 4, escrevi sobre como as palavras transbordam dos sentimentos que estão no nosso coração – do que guardamos na mente. Sugeri que começássemos cada dia optando por colocar alguma coisa positiva na cabeça. Palavras boas logo de manhã exercem um efeito benéfico na maneira como falamos pelo resto do dia. Contudo, há outra coisa capaz de influenciar ainda mais o que dizemos: *procurar o lado bom.*

Todos nós, uma vez ou outra, temos a oportunidade de viver uma epifania, um desses momentos especiais nos quais "vemos a luz". Passei por uma situação como essa nos anos 1970 quando estava lendo o livro *Eu chego lá!*, de Zig Ziglar. A epifania aconteceu quando li as palavras "Saber encontrar o lado bom", no alto de uma página. Nessa parte do livro, Ziglar menciona uma pesquisa realizada com cem pessoas altamente bem-sucedidas, na faixa dos vinte aos setenta anos de idade, que vinham de ambientes diversos. Havia outros traços e características que variavam muito entre esses indivíduos, mas eles tinham realmente algo em comum: todos sabiam encontrar "o lado bom". Eles o procuravam nas pessoas e em todas as situações e sempre o identificavam.

Por mais que estivesse gostando do livro, parei de lê-lo e refleti longa e intensamente a respeito desse conceito simples e ainda assim profundo: *procure o lado bom – nas pessoas e em todas as situações.* Alguns antigos ditados me vieram à mente: "Procura e acharás", "Sempre encontramos o que estamos procurando" e "O que você vê é o que você recebe". Àquela altura da vida, percebi que eu mesmo não primava em "ver o lado bom" das coisas. Na realidade, fazia exatamente o contrário. Como muitas pessoas, era muito melhor em encontrar a parte ruim e feia e, depois, é claro, começava a me queixar. Como disse anteriormente, vivemos na cultura da reclamação. Sem nem mesmo termos consciência disso, nos deixamos infectar e depois nos tornamos "portadores" desse comportamento – nos lamuriando, nos lamentando, resmungando e reclamando. Ou seja, encontramos o que há de ruim e, em seguida, o passamos adiante.

Foi mais ou menos por essa mesma época que ganhei de um amigo minha primeira Bíblia. Adorei entrar em contato com aquela literatura tão rica, com sua sabedoria, com a mensagem positiva que transmite e seus conselhos de ordem prática. Poucos dias depois de ter lido a orientação de Ziglar para que nos dediquemos à "arte de encontrar o lado bom", li as seguintes palavras numa das epístolas de São Paulo:

> *... tudo o que é verdadeiro, tudo o que é nobre, tudo o que é justo, tudo o que é puro, tudo o que é amável, tudo o que é de boa fama, tudo o que é virtuoso e louvável, eis o que deve ocupar nossos pensamentos.*
>
> – Filipenses 4:8

Para mim, isso tem tudo a ver com a "arte de encontrar o lado bom". E não importa no que você acredite ou deixe de acreditar no plano espiritual, esse é um conselho prático, direto e de bom senso para ser aplicado no dia-a-dia. Enfim, é a melhor orientação que você poderia receber. Procure pelo que é bom, e não pelo que é ruim; pelo certo, e não pelo errado; pela beleza, e não pela feiúra; pela alegria, e não pelo sofrimento. Faça isso e terá sempre algo positivo a dizer.

Depois de um longo período de reflexão a respeito do conselho de Ziglar e de São Paulo, assim como de intensas anotações no meu diário, decidi assumir essa nova atitude. Isso não apenas mudou a forma como eu encarava o mundo como também a maneira como me colocava diante da vida e o modo como falava. Não posso dizer que desde aquele dia nunca mais resmunguei nem reclamei, no entanto garanto que tenho feito isso com muito menos freqüência. É uma insensatez desperdiçar tempo e energia procurando pelo aspecto negativo das coisas, encontrá-lo e depois baixar o astral de quem estiver por perto falando nisso sem parar. Não faz muito mais sentido procurar pelo lado bom e depois celebrá-lo com as pessoas?

Boas notícias

> *Cada dia que acordamos é um bom dia.*
> *Cada sopro de ar que inspiramos está repleto de esperança de um dia melhor. Cada palavra que falamos é uma oportunidade para transformarmos algo ruim em algo bom.*
>
> – Walter Mosley

Até mesmo os noticiários são capazes de encontrar o lado bom das coisas. Isto é, quando procuram por ele. Há alguns anos, a revista *Newsweek* dedicou um número inteiro aos "heróis do dia-a-dia". Na apresentação da reportagem, o editor escreveu que, em vez de dedicar a capa a "guerras, crimes e impasses políticos", eles haviam decidido voltar sua atenção para "boas notícias". Começaram a busca por pessoas comuns que ajudassem os outros ou que tivessem realizado um ato de heroísmo nas suas comunidades. E veja só: a *Newsweek* achou esse tipo de gente em quase toda parte. A revista *procurou* o lado bom – e o *encontrou.*

O editor foi em frente e afirmou: "Descobrimos algo extremamente animador. Mesmo nesta era supostamente de descrença em que vivemos, as pessoas comuns continuam a fazer uma enorme diferença." Observe que ele usou a palavra "descobrimos". Uma das definições dos dicionários para o verbo "descobrir" é "encontrar pela primeira vez". Em outras palavras, o pessoal da revista nunca tinha percebido que há pessoas fazendo uma porção de coisas boas todos os dias. Parto do pressuposto de que os colaboradores da *Newsweek* são inteligentes e dedicados. Como é que puderam deixar de ver os acontecimentos positivos por tanto tempo? A resposta é fácil: eles não estavam procurando por isso. Não surpreende que os meios de comunicação nos dêem tantas más notícias. Afinal, eles só estão atrás de coisas negativas. E é o que encontram. É sobre o que falam todos os dias. Portanto, nossa cabeça fica cheia disso. E é sobre isso que falamos.

Que tal se a mídia apresentasse com maior freqüência um material mais equilibrado? Não seria ótimo sermos lembrados de que existem milhares de pessoas fazendo coisas boas? Isso reafirmaria nossa fé na natureza humana e nos daria algo melhor sobre o que falar. Em vez de dedicarem apenas edições e programas ocasionais a esse tema, os meios de comunicação talvez pudessem divulgar as notícias positivas de modo regular.

Ler aquele artigo especial foi algo reconfortante e inspirador para mim. Lembro-me de que pensei: "Por que todo telejornal,

jornal ou revista não nos dá mais coisas dignas de serem celebradas? Talvez seja por isso que tanta gente prefere ler as seções de esportes e de entretenimento. Ali é mais fácil encontrar coisas boas." Há alguns anos, Earl Warren, presidente da Suprema Corte dos Estados Unidos nos anos 1950 e 1960, disse que lemos a parte central dos jornais para saber dos fracassos das pessoas e as páginas de esportes para saber dos seus sucessos.

Ouvimos comentários sobre esportes o tempo todo. Na verdade, muitas mulheres acreditam que esse é o único assunto sobre o qual alguns homens são capazes de falar. Seja ou não verdade, a maioria dos bate-papos sobre esse tema tem um cunho positivo. De fato, existem reclamações sobre uma oportunidade perdida, um passe errado ou uma mancada qualquer do técnico, mas, em sua maior parte, a conversa sobre esportes é animada, jovial e divertida. Em grande medida, isso acontece porque, quando lemos o noticiário esportivo ou assistimos a um programa sobre esportes na televisão, nós *realmente* tomamos conhecimento das realizações e dos sucessos das pessoas. Isso nos dá algo para celebrar e compartilhar com os outros. O noticiário normal nos informa sobre todas as coisas ruins; na parte de esportes, ficamos sabendo das boas notícias. Sobre o que você preferiria falar? O que gostaria mais de ouvir? Sejam ou não divulgados pela mídia, há muitos fatos bons ocorrendo o tempo todo à nossa volta. Precisamos procurar por eles, encontrá-los e partilhá-los.

O que estamos celebrando hoje?

Eu fazia a pergunta que abre esta seção no início de cada uma das minhas aulas tanto para adolescentes quanto para adultos. Às vezes, a mudava um pouquinho para algo como "Alguém tem uma boa notícia?" ou "Quem tem uma coisa boa para contar?". Não importa que palavras usasse, a mensagem que eu queria transmitir era sempre a mesma: fazer uma exortação para que celebrássemos a vida, para que centrássemos o foco no que é certo e no que é bom. E era sempre divertido. Era parte de um ritual de afirmação da vida que começou por acaso em 1970 ou em 1971 e continuou até eu parar de dar aulas para o ensino médio, em 2001 – portanto, trinta anos de celebração! Numa estimativa conservadora, devo ter feito essas perguntas cerca de vinte e sete mil vezes. E, toda vez, recebia mais ou menos cinco respostas positivas. Foram muitas comemorações.

Acredite ou não, esse pequeno ritual se originou de duas fontes que costumam ter uma conotação negativa, sobretudo para os jovens: os acontecimentos importantes da atualidade e o dever de casa. Nas escolas de ensino médio, eu dava aulas sobre a história dos Estados Unidos e sobre o funcionamento do governo americano. Sempre que abordava um desses assuntos, passava um dever de casa que deveria ser feito com base nas notícias mais recentes. O adolescente médio é terrivelmente mal informado sobre qualquer coisa que não seja música, esporte ou outra forma de entretenimento, de modo que ler o noticiário político era uma experiência completamente nova para a maioria deles.

Em poucas semanas, eles pegavam o jeito e até ficavam surpresos com sua recém-adquirida capacidade de sustentar uma conversa inteligente sobre o que estava acontecendo num mundo do qual pouco sabiam dias antes. Assim que começamos a estabelecer essa rotina, uma observação inocente feita por um aluno me deixou sobressaltado. Ele disse que, para alguém tão positivo quanto eu, aquelas tarefas pareciam muito negativas. Um tanto espantado, perguntei o que ele queria dizer. Sua resposta foi que a maior parte das notícias era sobre coisas ruins, e acrescentou: "Esse negócio é meio deprimente."

Tivemos uma longa discussão a esse respeito e fiquei surpreso ao perceber o grau de envolvimento dos alunos no debate. Embora tivéssemos muitas teorias sobre os motivos pelos quais havia tantas notícias ruins, todos nós concordávamos num ponto: precisávamos receber mais notícias boas. Fiquei pensando sobre essa questão por um tempo considerável. Estava pedindo aos estudantes que lessem todas aquelas coisas negativas e, ao mesmo tempo, arruinando a reputação de "Sr. Positivo" de que desfrutava aos seus olhos.

Agora estava mais determinado do que nunca a provar a eles que tínhamos algo a celebrar todos os dias e a injetar uma dose diária de boas notícias naquele ambiente de aprendizado. Então, já no dia seguinte, no começo da aula, perguntei: "O que estamos celebrando hoje?" Eles pensaram que eu estava me referindo a uma data com um significado histórico. Então eu disse: "Vou perguntar de uma forma diferente: quem tem uma notícia boa? Qual de vocês tem algo positivo a dizer?" Como era a primeira vez que eu começava uma aula assim, eles ficaram um pouco confusos. Eu disse: "Já que está sendo tão difícil achar algo de bom nos jornais, vamos ver se conseguimos encontrar alguma notícia boa na nossa vida." Eles consideraram isso uma excelente maneira de começar a aula. E esse hábito acabou se transformando em algo que teve um impacto profundo e duradouro tanto na minha vida quanto na deles.

Fazendo isso ao longo dos anos, ouvimos todas as notícias boas imagináveis, por menores que fossem. Algumas eram coisas pequenas; outras, grandes. O mais importante, porém, é o fato de que os alunos aprenderam a buscar acontecimentos positivos no cotidiano e também a compartilhar isso com os outros. Esse simples ritual passou a ter um efeito cumulativo. A cada dia, as notícias boas se somavam às da véspera, e assim por diante. Eles procuraram o que havia de bom, o encontraram e celebraram isso partilhando a descoberta com outras pessoas.

Aos poucos, fui acrescentando três novas opções para celebrarmos o dia. Uma delas era que os alunos poderiam compartilhar sua gratidão por terem algo ou alguém – chamávamos isso de "boas notícias perpétuas". Outra opção era dirigir um elogio ou agradecimento a um colega de sala. E, por fim, havia a possibilidade de partilhar algo engraçado, contanto que não fosse nada grosseiro nem vulgar. Nos capítulos seguintes, discutirei cada uma dessas maneiras de celebrar e os efeitos que elas produzem para todos nós – na escola, na família, no local de trabalho, entre os amigos, por toda parte.

Como esse pequeno ritual era bastante popular entre os alunos do ensino médio, pensei em adotar algo assim com os adultos para quem eu lecionava na universidade. Receava que eles fossem calejados demais pela vida ou demasiado descrentes, mas logo vi que estava enganado quanto a isso. Eles adoraram a idéia e tinham mais boas notícias a dar do que os adolescentes. Muitas daquelas pessoas ocupavam postos na área de administração e disseram ter apreciado tanto o exercício que passariam a abrir suas reuniões daquela mesma maneira. Os colaboradores que trabalhavam com eles também gostaram muito.

Por mais agradável que fosse ouvir notícias boas cinco vezes por dia, a princípio eu não fazia idéia de que o impacto daquele procedimento seria tão duradouro para todos nós. No fim do primeiro ano em que começamos a celebrar o dia no início de cada aula, observei resultados surpreendentes e valiosos nas provas finais. A primeira parte dos testes consistia numa revisão de toda a matéria dada no semestre e era feita em sala de aula. A segunda parte era uma tarefa para casa e dava aos alunos a oportunidade de se manifestar de modo pessoal sobre suas experiências naquele curso. As instruções eram as seguintes: "Quais foram as três coisas mais úteis que você aprendeu no curso? Por quê? Escreva uma página sobre cada item."

Fiquei admirado com o que li. Quase todos os alunos mencionaram algo sobre "a maneira como iniciamos a aula todos os dias". Embora tivessem realmente aprendido informações importantes sobre a história americana e o governo do país, eles sentiram que a atitude de compartilhar boas notícias lhes havia ensinado algo ainda mais útil: procurar os acontecimentos positivos e celebrá-los com os outros.

No último ano em que trabalhei como professor, de 2000 a 2001, encontrei uma mulher que havia sido minha aluna vinte anos antes. Uma das primeiras coisas que ela me perguntou foi se eu ainda abria as aulas com as boas notícias. Respondi que não conseguia me imaginar iniciando uma aula de outro modo. Ela me disse o seguinte: "Esse foi um jeito maravilhoso de começar a aprender. Fiquei contente em estar no seu curso porque, em geral, aquilo me deixava de alto-astral pelo resto do dia. Mas a verdadeira mensagem que aquela atividade nos passava era a necessidade de nos concentrarmos no lado positivo da vida, e não nos acontecimentos negativos. Acabei me habituando a fazer isso e agora sempre tenho algo bom sobre o que falar."

Ao longo dos anos, tenho ouvido e lido uma série de comentários da parte de antigos alunos meus. Aquela pequena dose de "boas notícias" durante alguns minutos a cada dia exerceu uma enorme e duradoura influência sobre muitas vidas, inclusive sobre a minha.

> *Não posso deixar de acreditar que o mundo seria um lugar melhor e mais feliz se aprendêssemos a falar mais sobre o que está certo do que sobre o que está errado. Temos tanto o que celebrar!*
>
> – Michael R. Parry

Já ouviu alguma boa notícia hoje?
Quero ouvir o que você tem a dizer.
Conte até três e depois diga todas as boas
notícias que você tem para mim.

Um, dois, três!

Bem, isso é que é notícia boa.
Fico feliz em dizer
que temos boas notícias hoje.

– Wonderman

Capítulo 7

As palavras positivas servem de estímulo aos outros e a nós mesmos

Já passamos pela experiência de sermos elogiados e de recebermos agradecimentos. Fazer isso com os outros é igualmente maravilhoso.

– *Sir* John Templeton

A arte de valorizar vidas

Uma das pessoas que mais admiro chama-se Paula Conlon, que mora próximo à nossa casa. Ela é uma dessas raras figuras que, não importa qual seja nosso estado de espírito, é capaz de nos fazer sentir melhor. Paula tem sempre uma boa notícia para dividir conosco e um elogio ou outro a fazer. Depois pergunta sobre como eu e minha família estamos e dá gargalhadas ao ouvir qualquer tirada bem-humorada da minha parte. Como é que alguém poderia *não* se sentir bem perto dela?

Certa vez, fui a uma festa que seus amigos organizaram para comemorar seu aniversário. Em determinado momento, pediram-lhe que se sentasse no meio de uma sala para o tradicional *Parabéns pra você* e a entrega dos presentes. O anfitrião perguntou às pessoas presentes se gostariam de dizer algo a respeito de Paula. Naquele dia, ela recebeu homenagens merecidas e maravilhosas. Não consigo me lembrar de todos os comentários amáveis que fizeram a seu respeito, porém um deles ficou gravado para sempre na minha mente. Seu cunhado a descreveu como uma "valorizadora de vidas". Foi a primeira vez que ouvi essa expressão e me pareceu uma descrição perfeita para Paula.

Como ela consegue ser assim? Em grande parte, usando palavras gentis e de sentido positivo. Ela sempre tem algo de bom a dizer.

Ao dirigir de volta para casa naquele dia, pensei em outro valorizador de vidas que, anos antes, mudara minha existência para melhor – e de uma maneira decisiva. Foi no início da minha carreira de professor. Eu estava profundamente envolvido com a profissão e me dedicava ao máximo. De algum modo, no entanto, não achava que estivesse contribuindo para a sociedade da maneira que meu ofício exigia. Uma das razões era o fato de que meus superiores só se dirigiam a mim quando eu fazia algo errado – o que parecia ser quase sempre. Naturalmente, acabei piorando as coisas quando deixei que suas críticas ganhassem uma dimensão ainda maior na minha cabeça. O resultado é que eu mesmo passei a ser meu mais severo crítico.

Foi quando apareceu Tim Hansel, um professor que ingressou no departamento de Estudos Sociais, do qual eu fazia parte. Ele era incrivelmente popular entre os estudantes e também muito respeitado por eles. Imaginei que poderia aprender algo útil trocando idéias com Tim e vendo-o interagir com os alunos. Eu estava certo, contudo não fazia idéia de que o que estava para aprender acabaria mudando minha vida.

Tim parecia dotado de um talento especial para fazer vir à tona o que as pessoas possuíam de melhor. Em vez de se concentrar nos erros dos alunos, enfatizava seus acertos ou as coisas que eles ainda *poderiam* vir a fazer corretamente. Sempre os cumprimentava com entusiasmo, os elogiava por seu sucesso e os estimulava a perceber as oportunidades que a vida apresenta e a ir atrás do que era "positivo". E fez o mesmo por mim. Chamou minha atenção para todas as coisas certas que eu vinha fazendo. Disse que admirava minha dedicação, elogiou minhas qualidades como professor e me lembrou de quanto meus alunos gostavam de mim. Isso aconteceu num momento em que eu precisava de uma resposta positiva pelo que estava fazendo. Tim me proporcionou o que eu não vinha recebendo da parte dos meus superiores. Sua atitude me ajudou a ser um professor melhor e me ensinou uma grande lição sobre o poder da linguagem. Como ele fez isso? Da mesma maneira que

Paula – com palavras amáveis e encorajadoras. Ambos sempre tinham algo de bom a dizer.

Paula e Tim desenvolveram e passaram a dominar um dos mais poderosos dons no campo das relações humanas: o de serem afirmativos em relação à vida das pessoas. Na minha opinião, "afirmar" é uma das palavras mais importantes que podemos usar. Ela significa procurar – e encontrar – o que os outros têm de positivo e, em seguida, dizer-lhes isso. Significa levantar seu ânimo e encorajá-los. Significa buscar motivos para elogiá-los e aplaudi-los. Significa estimular e apoiar. Significa enfatizar o que eles fazem bem. Mais importante, significa dar-lhes motivos para celebrar a vida.

Richard M. DeVos, o fundador da empresa Amway, escreveu sobre esse tema de forma eloqüente há alguns anos. E, ainda que eu tenha usado essas palavras no meu livro anterior, acredito que vale a pena repeti-las. Será sempre uma das minhas citações preferidas:

> *Poucas coisas no mundo têm mais poder do que um empurrão positivo. Um sorriso. Uma palavra de otimismo e esperança. Um "Você vai conseguir" quando as coisas estão difíceis.*

Adoro a expressão "empurrão positivo". E concordo que existem poucas coisas na vida com um poder benéfico tão grande. Quando realizamos bem alguma coisa e somos reconhecidos por isso, nos sentimos estimulados a executá-la de forma ainda melhor da próxima vez. O lado triste disso é que poucas pessoas percebem quantos fatos bons podem acontecer se elas forem afirmativas em relação aos outros. Em vez de empurrões positivos, ganhamos cotoveladas negativas porque vivemos numa sociedade que parece determinada a focalizar o que está errado, e não o que está certo.

Há mais de sessenta anos, Dale Carnegie escreveu: "Qualquer tolo pode criticar, condenar e reclamar – e é o que a maioria dos tolos faz." Triste dizer que essa afirmação continua parecendo atual nos dias de hoje. Somos bombardeados diariamente com mensagens negativas vindas de várias fontes e não conseguimos deixar de ser influenciados por elas. Mas sou um otimista e, ao mesmo tempo, um professor. Estou convencido de que somos capazes de mudar nossos hábitos e padrões de linguagem – se *quisermos* fazer isso. Podemos nos treinar para passarmos a ver o que os outros têm de bom e encontrarmos motivos para elogiá-los. Temos condições de criar aquele tipo de situação maravilhosa em que todos têm a ganhar. Afinal, é impossível fazermos alguém se sentir bem e não nos sentirmos dessa mesma forma. E existem muitas maneiras de realizar isso.

"As Trinta Atitudes que Demonstram Consideração"

No capítulo 3, escrevi a respeito dos "Trinta Vilões" – algumas das principais maneiras pelas quais podemos magoar, ofender e entristecer as pessoas com nossa linguagem. Tenha em mente, por favor, que no capítulo anterior chamei atenção para algo de que muitas vezes nos esquecemos: nossas palavras são escolhas. Temos plena liberdade para dizer coisas positivas e que afirmem a vida. Na realidade, existem mais maneiras de fazer alguém se sentir bem do que de ofendê-lo.

Para pôr à prova minha teoria, solicitava aos meus alunos (adolescentes e adultos), aos professores que freqüentavam meus workshops, a pessoas em aviões e aos meus amigos que respondessem à seguinte pergunta: "Que tipos de coisas podemos dizer para fazer as outras pessoas e nós mesmos nos sentirmos bem?" Ao longo dos anos, as respostas acabaram tomando forma numa lista que eu chamo de "As Trinta Atitudes que Demonstram Consideração". Com o passar do tempo, essa relação ganhou outros apelidos. Dois dos melhores eram "Opções Alegres" e "Palavras Milagrosas". Mas a maior parte das pessoas com quem falei defendia a idéia de que essas palavras refletem uma atitude atenciosa, de quem demonstra consideração. Conheça as expressões que foram apontadas como as melhores maneiras de dizermos sim à vida – em relação aos outros e a nós mesmos:

1. Encorajar.
2. Expressar gratidão.

3. Reconhecer o valor das pessoas.
4. Estender o cumprimento a outras pessoas.
5. Elogiar.
6. Parabenizar.
7. Ensinar, transmitir orientações.
8. Oferecer palavras de conforto.
9. Fornecer inspiração.
10. Celebrar e animar.
11. Perguntar, manifestar interesse.
12. Reatar relacionamentos.
13. Fazer rir.
14. Demonstrar fé e confiança.
15. Compartilhar boas notícias.
16. Elogiar, honrar e engrandecer.
17. Demonstrar que se importa.
18. Manifestar compreensão e solidariedade.
19. Aprovar.
20. Estender um convite a outras pessoas.
21. Demonstrar cortesia e respeito.
22. Dar conselhos, orientar.
23. Pedir desculpas.
24. Perdoar.
25. Oferecer ajuda.
26. Falar a verdade.
27. Destacar o que é positivo.
28. Usar expressões afetuosas.
29. Prestar informação útil.
30. Transmitir amor.

Nosso mais profundo anseio

O anseio mais profundo na natureza humana é a necessidade de se sentir importante.

– John Dewey

Foi no início dos anos 1970 que tomei consciência do poder das palavras afirmativas. Nessa época, Tim Hansel entrou na minha vida. Ele sempre deixou um rastro de bons sentimentos por onde quer que fosse. Suas palavras atendiam uma necessidade humana básica: fazer com que as pessoas se sentissem importantes. Tim mostrava que a vida delas tinha uma razão de ser. Era fascinante ficar perto dele, e eu desejava saber mais sobre o que parecia ser um talento muito especial.

Eu precisava aperfeiçoar a linguagem que usava e aumentar minha habilidade no âmbito das relações humanas e encontrei em Tim o perfeito modelo nesse sentido. E também queria ensinar isso às pessoas. Assim, ao longo de mais de trinta anos, por meio de entrevistas e pesquisas, venho recolhendo dados sobre o impacto das palavras positivas. Não posso afirmar que minhas descobertas tenham como base pesquisas rigorosamente científicas, mas as centenas de histórias que ouvi tanto de adolescentes quanto de adultos vêm confirmando repetidamente que a palavra certa, dita na hora certa, pode produzir um efeito poderoso e duradouro.

As pessoas tinham coisas esclarecedoras a dizer sobre o poder das palavras positivas em sua vida. Não surpreende que muitas entre "As Trinta Atitudes que Demonstram Consideração" tenham sido mencionadas várias vezes. Contudo, três desses itens acabaram se destacando.

1. Perguntar, manifestar interesse

Esse é provavelmente o método mais simples pelo qual podemos assumir uma atitude afirmativa em relação a alguém; no entanto, é um dos mais negligenciados. É um recurso fácil de empregar, pois exige apenas que façamos perguntas a uma pessoa – que a levemos a contar sua história. Basta formularmos indagações que passem a seguinte mensagem: "Quero saber mais a seu respeito. Você é importante." É um método menosprezado porque em geral nossa tendência é esperar que a outra pessoa *nos faça* essas perguntas para demonstrar interesse *por nós*. Isso se chama natureza humana. As pessoas gostam de saber que alguém se importa com elas, que mais alguém *está* verdadeiramente interessado nelas. E é incrível o efeito que algumas poucas e simples perguntas podem ter.

Dale Carnegie, no clássico *Como fazer amigos e influenciar pessoas*, apresenta seis regras de enorme importância no campo das relações humanas:

1. Interessar-se sinceramente pelas pessoas.
2. Sorrir.
3. Lembrar-se de que o nome de uma pessoa é para ela o som mais importante e mais doce de qualquer língua.
4. Ser um bom ouvinte. Estimular os outros a falar de si mesmos.
5. Conversar levando em conta os interesses da outra pessoa.
6. Fazer com que a outra pessoa se sinta importante – e ser sincero nessa atitude.

Você deve ter observado que duas das regras de Carnegie são não-verbais: sorrir e ouvir. Esses são dois poderosos recursos de comunicação, capazes de tornar mais rica qualquer conversa. Todas as outras regras são direcionadas ao esforço para sabermos mais sobre a pessoa com quem estamos falando. Isso pode ser obtido por meio de perguntas que demonstrem que estamos realmente interessados. Cada resposta que recebermos levará a novas perguntas e, no final, conseguiremos fazer com que a pessoa sinta que é mesmo importante. É triste dizer isso, mas, neste mundo em que vigora o culto exacerbado da celebridade, muita gente tem a sensação de que sua existência é irrelevante. Às vezes, algumas perguntas podem mudar isso. Carnegie diz: "Faça perguntas que as pessoas vão gostar de responder. Estimule-as a falar sobre si mesmas e sobre suas realizações."

Um exemplo: a princesa Maria Luísa, neta da rainha Vitória, conheceu muita gente famosa e poderosa na Inglaterra no fim do século XIX, como Benjamin Disraeli e William Gladstone, que foram ambos primeiros-ministros. Depois de ser levada para jantar, numa noite por Gladstone e na noite seguinte por Disraeli, alguém lhe perguntou qual havia sido sua impressão sobre os dois importantes estadistas. Ela respondeu: "Deixei a sala de jantar após me sentar ao lado do Sr. Gladstone considerando-o o homem mais inteligente da Inglaterra. Mas, depois de me sentar ao lado do Sr. Disraeli, saí achando que eu era a mulher mais inteligente da Inglaterra."

2. Encorajar/fornecer inspiração

Encorajar uma pessoa muitas vezes significa fortalecer sua determinação, dar-lhe inspiração, animá-la, incentivá-la e muito mais. Quer dizer, literalmente, *dar coragem*. As palavras certas ditas na hora certa podem ser a coisa mais positiva, mais afirmativa e mais duradoura que você já deu a alguém na sua vida. Os livros de história, assim como as biografias, estão cheios de exemplos de grandes homens e mulheres que realizaram coisas incríveis, melhorando a qualidade de vida de todos nós. E, lendo essas histórias, vemos que a maioria desses grandes personagens recebeu inspiração e estímulo de alguém. Sempre descobrimos em segundo plano um pai, uma mãe ou outro parente, um amigo, um colega, um professor, uma figura religiosa, um mentor ou um técnico que acreditava neles e lhes transmitia esse sentimento de maneira clara. É por isso que Richard DeVos diz que não há nada mais poderoso do que um "empurrão positivo". Provavelmente, ele mesmo deve ter recebido um enquanto avançava rumo a seu grande sucesso no mundo dos negócios.

Comecei a ficar fascinado por biografias quando tinha doze anos, e esse se revelou um hábito de grande utilidade e bastante divertido. Também serviu para me ensinar algo sobre o poder que existe no ato de encorajar alguém. A primeira biografia que li foi a de Thomas Edison, e nela há uma história que jamais esquecerei. Edison não ficou muito tempo na escola. Ele apresentava o que hoje receberia o diagnóstico de transtorno do déficit de atenção. Sua professora fez exatamente o contrário do que deveria ter feito – ela colou em Edison um rótulo negativo e destrutivo. Para tornar as coisas ainda piores, agiu assim na frente dos seus colegas de turma. Afirmou que seu cérebro era "perturbado", ou confuso. Foi o suficiente para que a garotada na escola começasse a chamá-lo de "perturbado". Sua mãe, compreendendo o dano que os apelidos negativos podem causar, tirou-o da escola e decidiu educá-lo em casa. E, em cada etapa desse caminho, ela sempre o encorajou. Percebeu o que o filho tinha de genial, disse-lhe isso e forneceu-lhe inspiração para seguir rumo a um destino grandioso. Até o fim da vida, Edison enalteceu sua mãe e lhe foi grato pela confiança que depositara nele e pelo estímulo que lhe dera.

Esse é apenas um dos muitos casos de pessoas que encorajaram outras ao longo da história. Há centenas de personagens históricos e de cidadãos comuns cujas vidas mudaram graças a palavras de estímulo e força pronunciadas por um amigo ou parente.

No livro *The Right Words at the Right Time* (As palavras certas na hora certa), a atriz Marlo Thomas conta histórias de cento e dez celebridades que foram fortemente influenciadas pelas palavras de alguém. Thomas tinha apenas dezessete anos quando descobriu seu fascínio pelas palavras de encorajamento. Ela afirma que estava às voltas com o árduo início de sua carreira no teatro quando seu pai lhe disse exatamente as palavras certas. Elas não apenas mudaram sua vida como exerceram um impacto duradouro. E, muito mais tarde, a levaram a escrever o livro. Thomas chegou à conclusão de que todas as pessoas que conhecia e admirava provavelmente tinham uma história parecida para contar. E estava certa. Num depoimento à revista *Parade* sobre os motivos que a fizeram escrever o livro, ela disse:

> *Cada um de nós passa por momentos em que se vê diante de uma encruzilhada e sem ter certeza do que fazer em seguida. Então alguém aparece e diz justamente as palavras que precisávamos ouvir para irmos em frente.*

Uma das idéias principais enfatizadas por Thomas é a de que, além de nos ajudarem num momento crítico, as palavras certas permanecem no nosso coração e "ficam conosco pelo resto da vida". Embora tenha ouvido a frase "Ações falam mais alto do que palavras", ela se tornou cada vez mais consciente de que as palavras também falam muito alto e que às vezes duram uma vida inteira.

3. Elogiar, enaltecer e animar

Quase todos os dias surgem oportunidades para satisfazermos essa necessidade básica que todos nós temos de nos sentir importantes, de fazer alguma diferença. Podemos elogiar, expressar admiração, reconhecer um trabalho duro ou bem-feito e dizer às pessoas como as apreciamos, parabenizá-las e enaltecê-las de mil maneiras. Sendo um pouco mais atenciosos e sem sermos falsos, temos condições de proporcionar a alguém esse presente inesperado na forma de palavras afirmativas. Isso tanto pode ter um efeito agradável e durar pouco tempo quanto pode vir a ter enormes conseqüências e durar para sempre.

Para isso, basta seguirmos mais vezes o conselho de Zig Ziglar – procurar o que há de bom – e, depois, reservarmos alguns minutos para falarmos sobre isso. Onde podemos encontrar esse bem? Certamente, no que as pessoas estão fazendo à nossa volta. Há colegas, estudantes, membros da nossa família e outras pessoas que nos ajudam todos os dias de muitas maneiras e que adorariam receber uma resposta positiva da nossa parte. Na realidade, há muita gente ansiando desesperadamente por isso. Veja a seguir dois exemplos de maneiras simples, porém bastante eficazes, de alegrar o dia de alguém.

Os chefs. Talvez você já tenha ouvido alguém dizer ao fim de uma boa refeição num restaurante: "Meus cumprimentos ao chef." Como saber se o chef receberá mesmo o elogio? E, se ele ou ela o receber, de que forma terá sido transmitido? Meu amigo Carl quis se certificar de que seu recado seria dado – e da maneira certa. Certa vez, saímos de uma conferência em St. Louis e fomos jantar num restaurante italiano. Fizemos o mesmo pedido: massa com frutos do mar. Em questão de minutos, concordamos que se tratava da versão mais deliciosa que já tínhamos saboreado daquele prato.

No fim da refeição, agradeci à garçonete pelo serviço excelente e acrescentei o elogio de praxe: "Nossos cumprimentos ao chef." Carl disse: "Podemos fazer melhor do que isso. Vamos lá parabenizá-lo." Então, ele pediu e recebeu permissão para ir até a cozinha. Os dois chefs que estavam ali se entreolharam surpresos com a chegada de um estranho. De cara, Carl perguntou:

– Qual de vocês preparou aquela fantástica massa com frutos do mar?" – Um sorriso enorme apareceu no rosto de ambos, e um dos chefs respondeu, orgulhoso:

– Nós dois fizemos isso.

– Fantástico! Esse é meu prato favorito, e vocês acabaram de fazer o melhor que já provei na minha vida. Muito obrigado. Vocês salvaram nossa noite.

Felizes da vida, eles agradeceram. Acredito que Carl tenha salvado a noite deles também. No caminho de volta, encontramos a gerente e repetimos o elogio. Em menos de um minuto, Carl deixou atrás de si um rastro de sentimentos positivos e de boa vontade que provavelmente é lembrado até hoje.

O atendente da companhia área. Há alguns anos eu estava no aeroporto de Dayton, Ohio, no que deve ter sido uma das noites mais desagradáveis da história da aviação comercial – raios, trovões, tempestades, vôos atrasados e cancelados e dezenas de pessoas frustradas e enfurecidas. Numa noite como aquela, por salário nenhum no mundo eu gostaria de estar na pele de um funcionário de uma companhia aérea. Um bom número de viajantes pouco experientes sempre quer encontrar alguém em quem descarregar suas frustrações – e nessa hora esses profissionais são os alvos favoritos. Não pude deixar de sentir pena de um jovem atendente naquela ocasião. Estava a seu encargo lidar com uma multidão furiosa. Também não consegui deixar de admirá-lo pela maneira como estava fazendo aquilo. Mantinha-se calmo, procurava ser eficiente e prestativo e seguia tratando com educação pessoas que estavam assumindo um comportamento nada razoável e incrivelmente grosseiro em relação a ele.

Embora eu estivesse admirando o comportamento daquele rapaz, outra pessoa teve a iniciativa de *dizer* a ele o que eu estava pensando. O senhor que estava à minha frente, depois de finalmente conseguir chegar ao balcão, dirigiu-se ao atendente: "Faz mais de uma hora que estou observando a maneira como você trabalha e, se tivesse de lhe dar uma nota em atendimento ao cliente, seria A+. Você desarmou uma situação explosiva, acalmou pessoas furiosas, demonstrou respeito por quem o desrespeitou e está proporcionando um excelente atendimento, com classe e dignidade. Queria que alguém como você trabalhasse para mim." O funcionário – Rob era seu nome – ficou radiante e agradeceu com toda a humildade pelos elogios. Tenho certeza de que aquele reconhecimento mais do que merecido salvou seu dia – talvez seu ano.

Mas o senhor que falara aquelas palavras positivas não tinha terminado ainda. Ele prosseguiu: "Meu rapaz, gostaria de saber seu nome. Creio que a United Airlines tem que ser informada a respeito do trabalho incrível que você está fazendo. Gostaria de escrever para a empresa contando isso." Depois de passar mais de uma hora com gente gritando nos seus ouvidos, Rob finalmente obteve o reconhecimento que merecia. Tudo porque um homem procurou pelo que havia de bom, encontrou e comunicou o que tinha visto.

Mais de um ano depois, eu estava no mesmo aeroporto em circunstâncias mais agradáveis – clima perfeito, nenhum atraso, nada de vôos cancelados, nenhuma multidão enfurecida. E adivinhe quem fez o meu *check in?* Acertou: ele mesmo, Rob. Não pude deixar de perguntar se ele se lembrava daquela noite agitada que vivera quatorze meses atrás. "E como!", respondeu. "Aquela que foi minha pior noite desde que comecei a trabalhar aqui acabou se transformando na minha melhor noite por causa das palavras daquele senhor. Enquanto eu viver, nunca as esquecerei." Ele também me contou que, como prometera, o senhor havia escrito à

United Airlines a seu respeito. "Isso tornou o gesto ainda mais especial", disse Rob. Aquelas palavras amáveis que levaram apenas alguns minutos para serem ditas ou escritas provavelmente permanecerão por uma vida inteira.

Quando elogiamos, os dois lados ganham

Poderíamos dizer que nós mesmos somos os principais beneficiários dos elogios que distribuímos.

– Adair Lara

Na citação que abre este capítulo, *Sir* John Templeton diz que elogiar é tão maravilhoso quanto receber um elogio. Talvez seja por causa disso que a máxima "É melhor dar do que receber" vigore desde os tempos bíblicos.

Em *As grandes lições da vida*, fiz uma afirmação bastante simples: "Na condição de seres humanos, precisamos ser bons." Essa foi provavelmente a ocasião em que mais cheguei perto de dizer algo profundo. Também declarei que existe uma relação direta entre sermos boas pessoas e nossa saúde e nosso bem-estar. Uma das melhores maneiras que temos de *ser bons* é fazermos aflorar o que os outros têm de melhor. E conseguimos isso todas as vezes que elogiamos alguém com sinceridade. Precisamos ser relembrados de toda a sabedoria que se esconde no velho ditado sobre dar e receber, mesmo que sejamos bombardeados todos os dias com mensagens que afirmam exatamente o contrário.

É possível não nos sentirmos bem quando sabemos que fizemos outra pessoa se sentir bem? Creio que não. É provavelmente por esse motivo que o escritor Stephen Covey diz que um dos melhores hábitos que podemos adquirir é o de criar situações em que todos ganham. Reconhecimento e elogios permitem isso.

Fazemos crescer tudo aquilo que elogiamos. A Criação como um todo reage a um elogio e fica mais feliz.

– Charles Fillmore

É impossível receber um elogio e não se sentir melhor... E tão importante quanto isso: é impossível fazer um elogio sem que nós mesmos não nos sintamos melhor.

– Zig Ziglar

Capítulo 8

As palavras carinhosas aprofundam e restauram relacionamentos

As pessoas têm a necessidade constante de saber que nos importamos com elas, que seus atos de bondade inspiram gratidão e que outros as amam. É simples assim. Mas não é pelo fato de ouvirem a manifestação desses sentimentos na segunda-feira que elas vão querer deixar de ouvi-los novamente na terça. Esse é o principal motivo pelo qual as palavras que curam e fornecem inspiração precisam ser repetidas seguidamente.

– Rabino Joseph Telushkin

As palavras carinhosas nascem do que encontramos de bom

Como disse no capítulo anterior, as sementes deste livro foram plantadas há muitos anos, na época em que conheci Tim Hansel. Seu alto-astral fez com que eu me sentisse imediatamente atraído por ele. Estivesse falando sobre algo ou alguém ligado à escola onde ensinávamos ou sobre qualquer outro aspecto da vida, Tim me contava quando tinha encontrado algo de bom e sentia vontade de conversar a respeito.

As palavras positivas produziam um efeito profundo tanto no caso dos seus alunos quanto no dos seus colegas. As pessoas gostavam de estar à sua volta porque ele fazia com que o dia delas se tornasse ainda melhor, mesmo que já estivesse sendo ótimo. Tim parecia ter desenvolvido um dom especial para fazer os outros saberem que são importantes e admirados. Perdi a conta de quantas vezes ele se desviou de um tema só para me dizer quanto gostava de mim. Às vezes, estávamos conversando sobre esportes, escola, livros, fé ou qualquer outra coisa, Tim interrompia o papo, abria um enorme sorriso, apontava para mim e perguntava: "Sabe do que mais gosto em você?" Antes que eu pudesse responder, ele começava a falar sobre algo de bom que havia identificado em mim naquele dia em especial. Certamente, melhoraríamos muitos dos nossos relacionamentos apenas dizendo com maior freqüência às pessoas que encontramos coisas positivas nelas.

Em grande parte, vivenciamos o mundo por meio da interação com as pessoas. Por esse motivo, os relacionamentos, sobretudo com os amigos, ocupam o centro da nossa existência. As palavras que usamos e as palavras que ouvimos costumam determinar a qualidade desses relacionamentos e, por sua vez, a qualidade da nossa vida. Não importa se essas amizades estão dentro ou fora da nossa família, as palavras que empregamos podem aprofundá-las e fortalecê-las e até reatá-las e restaurá-las. Ainda que nem sempre tenhamos necessidade de expressar amor e admiração por nossos amigos, eles provavelmente precisam ouvir isso de nós com uma freqüência maior. Como o rabino Telushkin assinala: "É simples assim."

As palavras carinhosas nutrem o relacionamento dos casais

Muitos casais nunca tomaram conhecimento do enorme poder que há na atitude de fazerem afirmações verbais positivas um sobre o outro.

– Gary Chapman

Defino um casal como duas pessoas que assumiram um compromisso recíproco. Isso inclui quem está namorando firme, vivendo junto ou casado. O segredo de qualquer um desses relacionamentos é a comunicação: o que os dois indivíduos dizem um para o outro e como dizem. Como o romance costuma ser o ponto de partida para que se forme um casal, sabemos que ambos foram cuidadosos o suficiente para "dizerem as coisas certas" no início do seu envolvimento.

Quando as pessoas continuam a ser criteriosas na escolha das palavras, existe uma grande chance de que o relacionamento melhore cada vez mais. No entanto, como sabemos, freqüentemente a linguagem afetuosa é posta de lado assim que a relação se consolida. Tanto psicólogos quanto terapeutas especializados em atender pessoas casadas nos dizem que elas, quando se trata de comunicação, tendem a cair em uma ou mais destas quatro armadilhas:

1. Falam menos, às vezes considerando inconscientemente a outra pessoa apenas uma peça de mobília que "está ali".
2. Deixam de apreciar e valorizar as ações do outro, esquecendo-se de manifestar reconhecimento e expressar gratidão.
3. Ficam mentalmente preguiçosas. Em vez de escolherem palavras que enriqueçam o relacionamento, acabam caindo em rotinas verbais. As palavras carinhosas que ajudaram a construir sua união começam a escassear e acabam desaparecendo completamente.
4. Começam a usar o outro como um terreno baldio verbal onde podem despejar suas reclamações, críticas, queixas, etc.

Ainda que esses problemas possam prejudicar os relacionamentos, há uma boa notícia: aumentando nossa consciência a seu respeito e fazendo um esforço, conseguimos corrigi-los. Os terapeutas costumam fazer perguntas aos casais sobre os padrões de comunicação que desenvolveram. Invariavelmente, uma ou mais das quatro atitudes mencionadas acaba aparecendo. Reconhecer o problema é o primeiro passo para resolvê-lo.

Um exemplo: há alguns anos, Cathy me ajudou a reconhecer que, ao longo do nosso casamento, eu tinha caído numa dessas armadilhas. Suspeito de que seja aquela que afeta o maior número de casais: preguiça mental acompanhada de rotina verbal. Seja qual for a natureza formal da relação, as duas pessoas costumam pedir ajuda uma à outra. No nosso caso, Cathy muitas vezes me pede que apanhe algo, jogue fora o lixo ou auxilie na limpeza. Sempre atendi seus pedidos, mas nunca sem resmungar um pouco. Isso se tornara um hábito, e eu não percebia que minha mulher tinha necessidade de que eu fizesse essas pequenas tarefas sem ficar mal-humorado.

Certa vez, ela me pediu com toda a gentileza que pegasse uns pratos para ela, e eu não só resmunguei como disse que faria aquilo mais tarde. Sabendo que eu estava trabalhando num livro sobre palavras positivas, Cathy, sempre com uma atitude amistosa, me fez um desafio. Ela disse: "Seria maravilhoso pedir algo a você e ouvir em resposta: 'Claro, meu bem. Com o maior prazer, e vou fazer agora mesmo.'"

Além de flagrado, fui desafiado a pôr em prática aquilo que pregava a respeito das palavras positivas. Como você deve ter adivinhado, a atitude que Cathy sugeriu tornou-se minha resposta-padrão para todos os seus pedidos de ajuda. E, ainda que eu brinque exagerando um pouco no tom e na expressão facial, ela sempre recebe de mim uma resposta gentil e uma ajuda imediata. Essa pequena e simples mudança nas palavras e no tom da voz faz surgir uma reação em que os dois lados ganham.

Uma boa notícia extra é que podemos fortalecer nossos relacionamentos de outras maneiras igualmente simples.

Cinco pontos para uma comunicação saudável

O princípio mais profundo da natureza humana é o anseio por ser reconhecido e valorizado.

– William James

Relembrando um ponto importante de um dos capítulos anteriores: palavras são escolhas. Quanto mais tivermos essa simples afirmação viva na nossa mente, maiores serão as chances de usarmos palavras que dêem sustentação a nossos relacionamentos importantes, que façam com que aqueles de quem gostamos se sintam realmente valorizados. Como observou o psicólogo William James, todos nós "ansiamos" por ser reconhecidos e estimados.

Aqui estão os cinco pontos práticos para atingirmos esse objetivo:

- **Atenção.** Preste atenção nas pessoas e nas suas necessidades, assim como nas oportunidades que você tem de dizer algo amável e encorajador.
- **Consideração.** Diga "obrigado" mais vezes, mesmo por aquelas coisas que você recebe habitualmente das pessoas mais próximas.
- **Interesse.** Pergunte sobre as atividades, os planos, as esperanças, as alegrias e as preocupações dos outros. E também se pode fazer algo para ajudá-los.
- **Afeição.** Use termos afetuosos. Alguém já reclamou de ter ouvido muitas vezes as frases "Eu te amo" ou "Você é o máximo"? Alguém já se disse cansado de ser tratado como "meu bem", "querido(a)" ou "meu amor" por seu companheiro(a)?
- **Afirmação positiva.** Reconheça o valor dos outros, encoraje-os e levante seu astral; transforme-se na torcida organizada daquela pessoa de quem você tanto gosta.

As palavras carinhosas reforçam as amizades

Bons amigos sempre nos lembram de que somos pessoas especiais... e por quê.

– Patti Stemple

Ainda que em relação aos nossos amigos não tenhamos o costume de cair nas mesmas armadilhas de comunicação de que somos vítimas quando se trata da nossa família, devemos estar atentos para o fato de que eles também querem ter seu valor reconhecido. Precisamos nos lembrar de que não podemos permanecer insensíveis diante de tudo de bom que nossos amigos nos proporcionam. Como todas as pessoas, eles necessitam de uma resposta positiva de vez em quando. Sempre pensei que a pergunta que Tim fazia ("Sabe do que mais gosto em você?") era perfeita para um amigo dirigir ao outro. A cada dia, apreciamos qualidades diferentes em nossos amigos e nos cabe dizer isso a eles. Não temos nada a perder. Dessa forma, faremos com que duas pessoas se sintam melhor e reforçaremos uma relação que já era sólida.

"Amigo" é uma das palavras mais poderosas e mais positivas já criadas, não importa em que idioma seja pronunciada. Ser chamado de amigo ou amiga corresponde a uma prova de grande estima, enquanto chamar outra pessoa de amigo ou amiga é o mais alto elogio que podemos fazer a alguém. Existe outro modo simples pelo qual a palavra "amigo" ganha um sentido mágico – quando a usamos no lugar do nome da pessoa a quem cumprimentamos. Há muitos anos, me ensinaram que as pessoas gostam de ouvir os próprios nomes. Portanto, é melhor dizer "Oi, João" do que apenas "Oi". Assim, personalizamos a saudação. No entanto, melhor ainda é dizer: "Oi, amigo." É um modo simples de afirmar: "Você é especial para mim." E as pessoas adoram ouvir isso.

Veja exemplos de como empregar palavras afetuosas para tornar mais rico um relacionamento:

- Cathy e sua melhor amiga, Sylvia, cumprimentam uma a outra, tanto por telefone quanto pessoalmente, com um "Oi, amiga". Nesse caso, são duas mulheres que já passaram dos cinqüenta anos usando um termo carinhoso para se lembrarem de quanto se estimam e de quanto seu relacionamento é precioso para ambas.
- Tive dois alunos que só se tratavam com a expressão "meu melhor amigo". Foi o modo que encontraram de dizer um ao outro e a todos à sua volta que o sentimento de amizade que os unia era muito forte.
- Uma das minhas alunas costumava me cumprimentar todos os dias da mesma maneira: "Oi, meu professor favorito." Por mais que eu tivesse escutado aquela saudação, nunca me cansei de ouvi-la. Na realidade, fosse no primeiro ou no último dia do ano, minha aluna fazia com que eu me sentisse bem toda vez que nos víamos.

- Meu amigo Tim Hansel dava a seus alunos uma série de apelidos simpáticos na época em que trabalhávamos na mesma escola, no início dos anos 1970. Eles adoravam aquilo. Eram expressões simples que sempre descreviam o estudante sob uma luz positiva. Alguns de que me lembro: "Músculos" (para um jovem que fazia musculação), "Elegante", "Magnífico", "Risadinha", "Feliz", "Einstein". Às vezes, ele cumprimentava alguém com um "Oi, Ser Humano", e, como muitas vezes somos tratados como objetos, aquilo soava muito bem.

Enquanto escrevia este livro, recebi um e-mail que tinha no espaço para assunto apenas duas palavras: "Obrigado, amigo." Pouco tempo antes eu havia prestado um pequeno favor a uma pessoa por quem tenho a maior admiração, por isso fiquei muito feliz quando li aquilo. Esse é um ótimo exemplo do poder das palavras positivas. Em questão de segundos, ele me fez sentir que apreciara meu gesto e, com isso, me lembrou do laço que nos une.

As palavras carinhosas podem restaurar relacionamentos

A língua sã é uma árvore de vida.
– Provérbios 15:4

As duas frases com o maior poder de restaurar um relacionamento abalado são justamente aquelas que mais temos dificuldade de dizer:

"Eu estava errado."
"Desculpe."

Temos grande dificuldade em pronunciá-las porque, em geral, não queremos admitir que abrimos uma fissura no relacionamento. A culpa é sempre da outra pessoa, e ficamos esperando que ela tome a iniciativa de se retratar. Mas as desculpas nunca chegam porque a outra pessoa também está esperando pelo mesmo gesto da nossa parte. E, como sabemos, relacionamentos íntimos, tanto dentro quanto fora da família, muitas vezes terminam para sempre por falta de um pedido de desculpas.

Por que é tão difícil admitir que estávamos errados e nos desculpar? A resposta está na natureza humana. Nascemos com algumas fraquezas, e uma das mais significativas é a devoção ao ego. Superá-la corresponde a aperfeiçoamento pessoal, empatia e consideração pelos outros – exatamente aquilo de que precisamos para restaurar nossos relacionamentos importantes. Um simples pedido de perdão pode fazer milagres.

De que maneira você deve agir quando deseja reatar um relacionamento, porém, no íntimo, não está convencido de que tenha errado? Primeiro, tenha em mente que a outra pessoa se sente da mesma maneira. O mais importante é dizer algo que possa fazer com que aquela ferida cicatrize. Por exemplo: "Sinto profundamente que estejamos enfrentando esse problema. Podemos tentar descobrir um modo de resolver isso?" Tomar uma iniciativa como essa quase sempre permite restaurar um relacionamento. E, na maioria dos casos, a conversa acaba fazendo com que os dois lados peçam desculpas. E essa atitude costuma fortalecer ainda mais a relação.

Qualquer tipo de movimento nesse sentido envolve obviamente algum grau de perdão, algo que deve brotar do coração antes de ser declarado em palavras. Temos que ter cautela ao afirmar que desculpamos alguém. A frase "Eu perdôo você" dita em meio a uma discussão acalorada pode soar como "Você estava errado" e agravar o problema. Só devemos dizer "Eu perdôo você" quando alguém pedir que o desculpemos. Nessa circunstância, sim, essas palavras são perfeitas. O perdão tem o poder de restaurar não apenas um relacionamento, mas também o corpo e a mente das duas pessoas.

Para as pessoas de religião judaica, o dia mais sagrado do ano é o Yom Kippur, o Dia do Perdão. Ele é dedicado às preces e ao jejum enquanto as pessoas refletem sobre seus pecados e buscam a reconciliação com Deus. De acordo com a tradição, aquele que nesse dia se arrepende sinceramente será perdoado por Deus. Contudo, há um importante aspecto dessa grande data: ser perdoado por aqueles que foram ofendidos. Isso não pode acontecer até que o autor da ofensa se dirija a quem foi magoado e diga palavras capazes de corrigir seu erro. Não seria incrível se existisse um Dia Nacional do Perdão, independentemente da religião de cada pessoa, em que fôssemos encorajados a tentar restabelecer relacionamentos abalados ou rompidos? Melhor ainda, podemos transformar qualquer dia num Dia do Perdão. Já temos as palavras. Só falta dizê-las.

As palavras carinhosas oferecem consolo

Além de terem a capacidade de reatar relacionamentos, as palavras carinhosas servem também para consolar pessoas que estejam passando por um período difícil. Refiro-me a coisas como a morte de um ente querido, uma doença ou um ferimento, a perda do emprego, o fim de um romance ou qualquer outra adversidade que esteja fora do nosso controle. O maior erro que podemos cometer é simplesmente não falarmos nada. Geralmente as pessoas fazem isso por um simples motivo: elas não sabem o que dizer. Reconheço que é difícil encontrar as palavras certas para cada ocasião, porém é sempre melhor tentar do que se omitir. O silêncio pode ser facilmente interpretado como indiferença.

Essa dificuldade costumava vir à tona tanto entre meus alunos da universidade quanto entre os do ensino médio. Freqüentemente, eu ouvia comentários como estes: "A gente fica tão sem jeito", "Não sabia o que dizer", "Estava com medo de dizer uma bobagem", "Fiquei constrangido demais".

Meu conselho era sempre o mesmo: diga algo que venha do seu coração. Mesmo que tenha que começar com "Gostaria de ter as palavras certas para consolar você agora...", tudo o que você disser será recebido com gratidão, contanto que seja sincero. A frase "Diga como posso ajudar" é boa em qualquer situação. Não importa se você está se sentindo constrangido ou sem jeito, fale da melhor maneira possível. Suas palavras precisam ser pronunciadas ou escritas antes que tenham qualquer poder para consolar.

Existe um erro muito comum que as pessoas cometem quando tentam confortar alguém. Elas dizem: "Sei como você está se sentindo." Na realidade, não sabem. Por exemplo: se um amigo seu perdeu o pai ou descobriu que está com uma doença grave, não diga essa frase, a não ser que seu próprio pai já tenha morrido ou que você já tenha enfrentado um problema de saúde semelhante. Nesse caso, sua ajuda poderá consolar aquela pessoa. No entanto, se não passou por experiências desse tipo, suas observações soarão falsas. O segredo está em pensar primeiro e, depois, dizer a coisa mais reconfortante que conseguir imaginar. Caso seu coração esteja no lugar certo, você encontrará as palavras certas.

O sábio atrai a si a estima por suas palavras.

– Eclesiástico 20:29

Seja lento para se enfurecer,
culpar e defender seus interesses.
Mas seja rápido na hora de falar de qualquer
progresso de um amigo seu que mereça aplauso.

– Mary Whitcher

Capítulo 9

As palavras bondosas demonstram respeito e gratidão

Em todas as partes dos Estados Unidos, as pessoas parecem estar sentindo que a expressão "cortesia comum" tornou-se uma contradição de palavras.

– *The Wall Street Journal*

O que aconteceu com as boas maneiras?

Um dos "Quatro Vilões Mais Comuns" listado no capítulo 3 é a linguagem rude, que demonstra falta de consideração. Parece que nos últimos anos estamos vivendo uma crise no que diz respeito às normas básicas de civilidade. Algumas pessoas encaram essa questão como uma doença menor, enquanto outras acreditam estar diante de uma epidemia. Mas quase todas concordam que se trata de um problema. Nas minhas palestras sobre linguagem para grupos de estudantes, educadores, pais e executivos, sempre começo fazendo uma pergunta: "Qual destes dois tipos de linguagem representa melhor o ambiente em que vocês gostariam de viver?" Depois, mostro o primeiro quadro:

> Uma linguagem que seja:
>
> *civilizada*
> *respeitosa*
> *cortês*
> *amável*
> *atenciosa*
> *educada*
> *gentil*

Em seguida, apresento o segundo quadro:

> UMA LINGUAGEM QUE SEJA:
>
> *rude*
> *bruta*
> *tosca*
> *chula*
> *suja*
> *raivosa*
> *maldosa*

Não surpreende que quase todos os presentes digam que o primeiro quadro descreve melhor o tipo de linguagem que eles preferem ouvir. Em seguida, faço mais quatro perguntas. A primeira é: "Quantos de vocês ouvem o tipo de linguagem descrito no segundo quadro?" Todas as mãos se levantam. A segunda: "Quantos de vocês acham que já ouviram *demais* esse segundo tipo de linguagem?" Quase todas as mãos se levantam. A terceira: "Quantos de vocês *usam* esse segundo tipo de linguagem?" Poucas mãos se levantam entre o público adulto e muitas se erguem nas platéias formadas por estudantes. E, finalmente: "Quantos de vocês são livres para escolher o tipo de linguagem que sai da sua boca?" Depois de um momento de hesitação, todas as mãos se levantam novamente.

Se o primeiro tipo de linguagem é melhor e se somos todos livres para escolhê-lo, então por que estamos enfrentando um problema? Há muitas teorias, e provavelmente todas estão certas. Uma delas é que a indústria do entretenimento não apenas nos bombardeia com uma linguagem grosseira e maldosa como também a glorifica – considera ótimo que astros dos esportes, do cinema e da música empreguem esse tipo de palavras. Segundo outra teoria, há um número cada vez maior de pessoas estressadas, apressadas, frustradas e enfurecidas. Elas são, portanto, mais propensas a se expressar numa linguagem rude.

Existe uma solução?

Quase todas as pessoas concordam com o fato de que o uso crescente dessa linguagem grosseira constitui um problema. Mas, em vez de tentarmos escolher a teoria que oferece a melhor explicação para isso, de medirmos a magnitude dessa questão, de encontrarmos alguém para culpar ou de descobrirmos aonde esse hábito está nos levando, deveríamos estar fazendo algo mais importante: procurando uma solução. Existe alguma? Sempre adoto uma visão positiva em relação ao mundo e sou otimista o bastante, assim como muitas pessoas, para acreditar que podemos avançar significativamente na tarefa de restaurar grande parte do senso de civilidade e da linguagem educada que a sociedade perdeu.

No início da minha carreira, aprendi uma lição muito útil sobre a solução de problemas. No meu primeiro ano como professor, reclamei com o diretor a respeito de algo que estava errado na escola. Não deve ter sido nada muito importante, porque nem me lembro exatamente do que era. Mas me recordo *muito bem* da resposta que recebi – e não vou esquecê-la. Num tom gentil, ele disse: "Concordo que isso seja um problema. O que você quer ser? Parte do problema ou parte da solução?" Ele me conquistou na hora. Tivemos uma ótima conversa, atraímos outras pessoas para lidar com aquela dificuldade e conseguimos superá-la. Não adianta nos limitarmos a reclamar – o que resolve é procurar uma solução.

Alguns anos mais tarde, li em *A trilha menos percorrida*, de Scott Peck, algo que me lembrou da opção entre problema e solução. Aquilo também me marcou. Ele diz: "A vida é uma série de problemas. Você quer ficar resmungando sobre eles ou resolvê-los?" Mais adiante, observa: "Os problemas exigem coragem e sabedoria; na realidade, eles criam nossa coragem e sabedoria."

Não é preciso ter coragem nem sabedoria para reclamar. Toda vez que escuto pessoas se queixando de que a sociedade está se deteriorando, me dá vontade de lhes fazer a pergunta que meu diretor me fez ou aquela que Peck formula em seu livro. Fico imaginando se já ocorreu a essas pessoas que, na verdade, seus resmungos e suas queixas só agravam o problema.

De volta ao básico, começando pelas palavras mágicas

Estamos falando de por favor e obrigado,
as chamadas palavras mágicas.
Se você deseja que coisas boas aconteçam,
essas são as palavras que precisam ser ouvidas!

– Phil Parker

Certa ocasião, eu estava parado na fila do correio e testemunhei a seguinte cena. Quando o homem que estava à minha frente se aproximou do guichê, a balconista o cumprimentou de maneira educada e lhe perguntou de que maneira poderia ajudá-lo. A resposta, numa postura e num tom agressivos, foi: "Me dá uns selos aí." A moça deu-lhe os selos e perguntou, novamente de modo gentil, se poderia fazer mais alguma coisa para ajudá-lo. Do mesmo jeito e no mesmo tom, ele disse: "Me dá aí uns desses envelopes de remessa rápida." Com um sorriso, ela atendeu o pedido. Ele pegou os selos e os envelopes e pagou em dinheiro. A balconista lhe deu o recibo e disse: "Muito obrigada, senhor." O homem virou-se e foi embora sem pronunciar nenhuma palavra.

É triste admitir, porém episódios como esse se tornam cada vez mais comuns no dia-a-dia. Embora não cheguem a ser terríveis, são demonstrações de grosseria que vêm se repetindo com uma freqüência assustadora. Esse é apenas um dos muitos exemplos que presenciei num período de poucos dias. Eu o escolhi porque ilustra perfeitamente o que temos visto e ouvido por aí – e também o que *não* temos ouvido. As expressões "por favor" e "obrigado" continuam a constar dos dicionários, no entanto muitos de nós ficam imaginando se elas estão desaparecendo do nosso vocabulário.

Durante os primeiros vinte anos da minha carreira de professor, esses dois pilares da cortesia eram usados de modo quase automático. Se um aluno precisava que eu fizesse algo para ele, o pedido vinha sempre acompanhado das palavras mágicas "Por favor, poderia..." num tom educado. Ao receber o objeto desejado, o estudante dizia, da mesma maneira natural e gentil, "Muito obrigado". Os tempos mudaram. Em algum momento, o "Por favor, poderia..." dito de forma amável foi substituído por "Eu preciso" num tom de exigência. E o "Muito obrigado" transformou-se em simplesmente nada.

Então comecei a ouvir as expressões "Eu preciso" e "Me dá aí" (como disse o homem no correio) ditas com uma freqüência muito maior por pessoas de todas as idades. Não surpreende que hoje as crianças apresentem algumas limitações no quesito boas maneiras. Mas não vamos pôr a culpa nelas. As crianças serão sempre um reflexo do que se passa no mundo dos adultos.

Por volta de 1987, decidi assumir uma atitude mais ativa em relação às boas maneiras, com ênfase na linguagem, já no início do ano letivo, tanto com meus alunos adolescentes quanto com os universitários. No caso destes últimos, a maioria fazia um curso profissional e estava na casa dos trinta ou quarenta anos. Fiquei bastante preocupado, temendo que os estudantes, nos dois níveis, me tomassem como um senhor antiquado, incapaz de acompanhar a velocidade das mudanças e determinado a fazer o mundo voltar aos velhos tempos. A maneira como os levei a entrar em contato com o problema foi fundamental.

Comecei perguntando se a atmosfera que encontravam na sala de aula era importante para eles. Era. Depois, se conheciam a Regra de Ouro. Poucos responderam afirmativamente. Naquela ocasião, eu tinha comigo cópias de quatorze versões dessa regra. Eram de um grande número de filósofos, líderes religiosos e personagens da política que surgiram ao longo da história. Resumindo, todos eles diziam a mesma coisa: trate as pessoas como gosta de ser tratado. Em seguida, perguntei se sabiam o que era uma relação em que todos ganham. A maior parte dos adultos sabia e muitos dos adolescentes, não. De qualquer forma, logo entenderam a idéia. Perguntei a eles: "Se todos nós aplicarmos a Regra de Ouro aqui, isso resultará numa situação benéfica para todos?" Sua resposta foi afirmativa.

Tivemos uma ótima discussão sobre boas maneiras e linguagem e sobre como ambas estavam se deteriorando, até mesmo nas salas de aula. Pedi que contassem histórias sobre como haviam tomado consciência das palavras mágicas. Não me surpreendi em saber que se lembravam perfeitamente de casos interessantes a respeito. E todos concordaram que precisávamos trazer de volta essas palavras e outras formas simples de cortesia. Quando fiz isso pela primeira vez, fiquei admirado com o grande número de alunos que me agradeceu. Um dos que estavam no ensino médio disse: "Sabemos dessas coisas, mas às vezes precisamos ser lembrados de quanto elas são importantes."

Se deu certo em Nova York, pode dar certo em qualquer lugar

As pessoas falam muito sobre uma época em que havia mais respeito e civilidade. Como poderemos voltar a esse mundo mais amável e gentil? Acabar com o que ganhou a dimensão de uma epidemia exigirá de nós uma grande determinação individual e coletiva.

– Deborah Wadsworth

Quando visitei Nova York pela primeira vez no início da década de 1970, a considerei o lugar mais empolgante que já tinha visto. Havia algo de absolutamente elétrico no seu ritmo. Existia, contudo, um senão. Nova York também era a cidade mais grosseira em que já tinha posto os pés. Minha sensação era de que todas as pessoas que viviam ou trabalhavam ali eram nervosas, e sua linguagem era uma das piores que eu já ouvira na vida. Os motoristas de táxi, é claro, tornaram-se notórios por empregá-la, mas não eram os únicos que despejavam palavrões a torto e a direito. A exemplo de outros visitantes, fui embora com a impressão de que as pessoas dessa cidade eram raivosas ou grosseiras ou as duas coisas.

As ruas imundas e a linguagem chula pareciam fazer parte do mesmo pacote. Não dava para viver as emoções da cidade sem levar de quebra a sujeira. "É parte do nosso charme", disse-me um nova-iorquino. Ele também afirmou que quem pretendesse visitar a cidade ou morar nela precisava aprender a conviver com esse tipo de coisa. "Tem sido assim há muito tempo e nunca vai mudar." Cheguei à conclusão de que sua avaliação estava correta. Assim, nas minhas peregrinações anuais a essa grande cidade nos dezesseis anos seguintes, aprendi a aceitar o lado ruim que vinha junto com as coisas boas.

No entanto, aquela avaliação acabou se revelando inteiramente incorreta. A atmosfera social de Nova York *mudou sim* – e de forma drástica. Isso aconteceu porque um homem acreditou que essa cidade poderia ser um lugar mais limpo e melhor para quem o visita ou vive e trabalha ali. Esse homem foi Rudy Giuliani, que se tornou o prefeito em 1994. Quando ele disse que Nova York deixaria de ter a imagem associada à sujeira e à grosseria, os moradores, os trabalhadores, os turistas e a mídia zombaram do projeto. Para algumas pessoas, as palavras cortesia e Nova York não poderiam estar na mesma frase – juntas compunham um perfeito paradoxo. Outras riram ou foram sarcásticas: "Claro, claro!"

Mas Nova York tornou-se mesmo uma cidade mais limpa e mais bem-educada porque Giuliani acreditou que isso era possível. E conseguiu convencer as pessoas de que essa mudança criaria uma situação favorável a todos. Quando Cathy e eu estivemos lá no início de 2001 já fazia dez anos que não visitávamos a cidade. Ficamos admirados com o que vimos e ouvimos – e com o que *não ouvimos*. Até os motoristas de táxi eram bem-educados! Isso *pode* ser feito.

Nunca subestime a força do fator liderança numa comunidade quando se trata de promover uma mudança positiva – incluindo a volta dos padrões civilizados de convivência e de uma linguagem educada. Se Rudy Giuliani conseguiu promover essa transformação num centro urbano como Nova York, imagine o que outras lideranças poderiam fazer em cidades menores. Basta um pequeno número de pessoas seriamente engajadas numa causa para que as coisas comecem a ir em frente. Na realidade, é assim que todas as grandes mudanças têm início. E, à medida que os outros vão vendo os benefícios, eles não apenas abraçam aquela idéia como passam a contribuir para que ela frutifique. Quando empresas, governos municipais, organizações filantrópicas, câmaras de comércio e entidades religiosas resolvem dar as mãos, eles conseguem criar uma "comunidade verdadeiramente solidária".

Uma boa palavra multiplica os amigos e apazigua os inimigos;
a linguagem elegante do homem virtuoso é uma opulência.
– Eclesiástico 6:5

O REI SALOMÃO FALA SOBRE AS PALAVRAS RESPEITOSAS

A boca do justo é uma fonte da vida. 10:11

Quem vigia sua boca guarda a vida... 13:3

Os lábios dos sábios destilam conhecimento. 15:7

As palavras agradáveis são um favo de mel: doçura para a alma e saúde para os ossos. 16:24

Maçãs de ouro sobre prata gravada: tais são as palavras oportunas. 25:11

– Do Livro dos Provérbios

CAPÍTULO 10

As palavras engraçadas fazem bem à saúde

Quando as pessoas estão rindo, em geral elas não costumam estar se matando umas às outras.

– Alan Alda

Adoro rir, a não ser quando isso me faz espirrar leite pelo nariz.

– Woody Allen

Os efeitos saudáveis do riso

Antes de escrever um capítulo sobre humor no meu primeiro livro, li muita coisa sobre os efeitos benéficos do riso. O velho ditado "rir é o melhor remédio" estava sendo comprovado pelas pesquisas médicas. Um dos pioneiros nesse campo foi o escritor Norman Cousins, que recorreu ao riso e ao pensamento positivo para se curar de uma doença fatal. Em 1979, ele contou a experiência em *Anatomia de uma doença*. Cousins seguiu em frente, tornando-se a primeira pessoa a dar aulas de medicina sem ter um diploma de médico. Ele ensinou na Faculdade de Medicina da Universidade da Califórnia, em Los Angeles (UCLA), onde criou uma equipe de estudos dedicada ao humor, enquanto continuava a fazer pesquisas e a escrever sobre os efeitos saudáveis do riso. Desde a divulgação desse trabalho pioneiro, muitos profissionais da área médica não apenas comprovaram como reforçaram as teorias de Cousins a respeito do assunto. A seguir, uma síntese das principais descobertas:

Vantagens terapêuticas do riso

- Ativa e fortalece o sistema imunológico.

- Reduz pelo menos quatro dos hormônios associados ao estresse.
- É aeróbico. Proporciona um exercício para o diafragma e aumenta a capacidade que o corpo tem de usar oxigênio.
- Relaxa os músculos.
- Pode reduzir a dor de modo significativo por longos períodos.
- Abaixa a pressão sangüínea e pode prevenir a hipertensão.
- Melhora a respiração ao fazer com que os pulmões se esvaziem completamente do ar inspirado.
- Não apresenta efeitos colaterais.
- Está disponível por toda parte sem necessidade de receita médica.
- É gratuito.

Suas palavras conseguem provocar o riso?

Portanto, tomamos conhecimento de duas informações importantes sobre o riso. A primeira já sabíamos desde a infância: nos sentimos bem quando rimos. A segunda: há pilhas de conclusões científicas mostrando que rir é bom para a saúde. Isso é uma prova de que deveríamos estar fazendo com que as pessoas rissem sempre que possível. Todos nós temos essa capacidade? A resposta é sim!

Não estou afirmando que todos nós temos o mesmo talento para dizer coisas engraçadas, mas podemos nos tornar agentes do riso assumindo atitudes simples:

Ficando atentos ao humor. Muitas vezes, o humor chega dos lugares mais inesperados. Existe todo um mundo de comédias à nossa volta. Sugeri anteriormente que deveríamos nos aperfeiçoar na arte de identificar coisas positivas sobre as quais falar. Também gostaria de propor que procuremos coisas engraçadas. O humor está sempre por perto e vale a pena compartilhá-lo. Mas, antes, temos que encontrá-lo.

Anotando nossas descobertas num lugar predeterminado. Mantenho duas pastas destinadas ao tema humor. Uma eu levo na valise. Quando estou viajando e vejo, leio ou escuto algo engraçado, anoto e guardo. Conservo a outra pasta ao lado do meu computador. Sempre que um amigo me manda coisas divertidas por e-mail, eu imprimo algumas delas e as coloco nessa pasta. É impressionante ver quanto essas pastas "engordaram" e o enorme estoque de humor saudável de que disponho agora.

Assinando publicações humorísticas. Existem muitas publicações que ou são dedicadas exclusivamente ao humor ou mantêm uma seção sobre o assunto. Há também uma infinidade de sites e serviços na internet que proporcionam o alívio das tensões por meio do humor. Assino um serviço de piadas e adoro abrir meu e-mail a cada manhã sabendo que receberei no mínimo duas piadas saudáveis e uma frase engraçada. Os jornais também costumam ter colunas de humor. Ao longo dos anos, colecionei uma série delas. Além disso, é possível encontrar livros com coletâneas de piadas ou de frases de humoristas famosos.

Compartilhando o que achamos engraçado. Ouço muita gente dizer: "Sou incapaz de contar uma piada." Realmente, nem todos nós conseguimos fazer isso com a competência de um humorista profissional, porém podemos compartilhar casos divertidos. Há muitos anos, ouvi um autor de comédias falar sobre a importância do humor e do riso no dia-a-dia. Ele disse que todos nós deveríamos ter sempre pelo menos cinco coisas engraçadas para dividir com os outros. Sua sugestão era que escolhêssemos cinco piadas, histórias, citações ou coisas do gênero que nos considerássemos capazes de contar. Depois, deveríamos escrever num cartão palavras-chaves sobre elas para ajudar nossa memória. À medida que fôssemos descobrindo histórias melhores, faríamos novas anotações no cartão para substituir as antigas. É fantástico como essa técnica simples pode ao mesmo tempo nos manter atentos em relação ao humor e fazer com que conservemos um bom estoque de piadas sempre à mão.

Uma coleção de coisas engraçadas

Como venho colecionando material humorístico há anos, este capítulo parece proporcionar a oportunidade perfeita para compartilhar uma pequena parte do que reuni. É preciso não esquecer que nem todas as pessoas acham graça das mesmas coisas, porém quase tudo que menciono foi posto à prova com diferentes platéias em minhas conferências. Além disso, o humor registrado no papel muitas vezes é diferente do humor falado, mas quase todo este material funciona das duas maneiras. Os exemplos estão listados por categorias. Alguns deles eu descobri pessoalmente, enquanto outros recebi de leitores. Seja como for, compartilhe-os você também.

Anúncios

À venda: Dobermann esperto, jovem, forte, bom cão de guarda, come qualquer coisa, adora crianças.

À venda: Cadeira antiga apropriada para senhoras com pernas grossas e assento grande.

Oferta de serviço: Homem, honesto. Topa qualquer coisa.

Carros usados: Por que ir a outro lugar e ser passado para trás? Venha aqui primeiro.

Analfabeto? Escreva hoje mesmo e obtenha ajuda de graça.

Cartazes

Num parque público:
Todos os cães e algumas crianças devem ser mantidos na coleira.

Numa loja:
Nossa meta é oferecer aos clientes os mais baixos preços e padrões de qualidade.

Placa numa auto-estrada:
Prisão estadual à frente. Não pare para os caronas.

Placa em outra auto-estrada:
Atenção: caronas podem ser presidiários fugitivos. (A placa estava crivada de balas.)

No escritório de uma financeira:
Pergunte-nos sobre nossos planos para ter sua casa própria.

Num café:
Os clientes que acharem nossas garçonetes mal-educadas devem ver nosso gerente.

Na vitrine de uma loja de eletrodomésticos:
Não mate sua mulher. Deixe que nossa máquina de lavar faça o trabalho sujo.

Numa loja de conserto de equipamentos de informática:
O Windows não é ruim, é só esperar ele ficar pronto.

Comunicados de igrejas

O grupo das Jovens Mães vai se reunir na quarta-feira à noite. Todas as mulheres que estiverem interessadas em se tornar Jovens Mães devem procurar o pastor na sua sala.

Irving Benson e Jessie Carter casaram-se em vinte e quatro de outubro na igreja. Assim termina uma amizade que teve início nos dias de escola.

No momento precisa-se de oito novos uniformes do coro por causa da adesão de novos integrantes e da deterioração de alguns dos antigos.

A senhorita Charlene Mason cantou "Nunca mais porei os pés aqui" para o óbvio prazer da congregação.

Bárbara continua no hospital e ainda precisa de doadores para novas transfusões. Ela também está com problemas para dormir e está pedindo vídeos de sermões do nosso pastor.

Senhoras, não se esqueçam do bazar de caridade. É uma oportunidade para se livrarem das coisas que não vale mais a pena guardar em casa. Não esqueçam de trazer seus maridos.

Sorria para alguém que seja difícil de amar.

Aviso do lado de fora de uma igreja:
Não permita que as preocupações o matem. Deixe a igreja ajudar.

Adesivos de carros

Buzine, se você ama a paz e o sossego.

Todo mundo tem memória fotográfica, só que algumas não têm filme.

O trabalho duro dá futuro, mas a preguiça compensa agora!

Ando tão endividado que se chamar minha mulher de "meu bem" o banco toma.

– Com a colaboração de Deb Brown, um premiado professor do ensino médio na Virgínia Ocidental.

O comediante Victor Borge afirmou certa vez: "O riso é a distância mais curta entre duas pessoas." Essa frase aparentemente simples encerra uma enorme sabedoria. Há muitas coisas que podemos dizer aos amigos, familiares e até mesmo a estranhos para que se sintam melhor. Uma das maneiras mais eficientes de conseguirmos isso é fazer com que eles riam. Sempre temos como procurar – e encontrar – coisas engraçadas para dizer. O riso é um item vital no kit de sobrevivência dos seres humanos.

Não consigo encontrar uma característica comum naqueles que aprecio ou admiro, mas entre aqueles que amo existe um traço em comum: todos me fazem rir.

– W. H. Auden

Humor é uma coisa séria. Gosto de pensar nele como um dos nossos grandes recursos naturais que precisam ser preservados a qualquer custo.

– James Thurber

Parte 3

QUATRO ÁREAS EM QUE AS PALAVRAS POSITIVAS PODEM FAZER MILAGRES

Não importa onde estejamos – na fábrica, no playground, no escritório, na escola, na igreja, à mesa de jantar, na sala de reuniões, na quadra de esportes, no jogo de pôquer –, palavras são ditas, e elas afetam nossa vida.

– Erwin G. Hall

Capítulo 11

As palavras afetuosas constroem famílias fortes

Famílias fortes enfatizam que a boa comunicação não ocorre necessariamente – em geral, ela requer tempo e prática.

– Nick Stinnet e John DeFrain

Dez maneiras de usar as palavras para tornar a vida em família mais plena

Não há outra situação em que as palavras sejam mais importantes do que no ambiente familiar. A família é o fundamento de toda a sociedade e é por meio dela que as crianças aprendem a se comunicar e a interagir com os outros. É também com a família que elas aprendem *o que* dizer e *como* dizer. E essas lições são transmitidas por aqueles que são seus primeiros professores – os pais e os outros adultos com quem têm mais contato no seu período de formação.

Há muitos anos, venho realizando palestras nos Estados Unidos e em outros países para famílias ligadas a diferentes escolas e instituições religiosas. O título da minha apresentação é quase sempre o mesmo: "Para educar boas crianças: dez sugestões para os pais." E o foco está invariavelmente na linguagem empregada pela família. A sugestão mais importante que dou aos pais é a seguinte: *passem um tempo juntos com seus filhos e façam com que esse tempo seja de qualidade.* Em síntese, esse é o fator fundamental para saber se uma família será saudável ou se apresentará um distúrbio. E o mais importante para determinar a qualidade desse tempo compartilhado é a linguagem usada – o que um integrante da família diz ao outro e como diz. Portanto, as dez sugestões que apresento a seguir destinam-se ao uso das palavras com o objetivo de construir uma família sólida e amorosa.

1. Adote a linguagem que você deseja que seus filhos usem

No capítulo 8, apresentei sugestões em relação à comunicação entre casais. Elas são igualmente válidas para casais com filhos. Contudo, se há crianças em casa, não importa que idade tenham, o modo como os adultos falam uns com os outros assume um significado extra. Os pais precisam compreender que, cada vez que abrem a boca, estão ensinando algo a seus filhos.

Crianças, especialmente as mais novas, são grandes imitadoras. Elas observam o comportamento dos adultos mais importantes da sua vida e o repetem. Da mesma forma, copiam o que eles dizem. Não importa se vivem apenas com um dos pais, num lar tradicional com pai e mãe, numa família que ganhou novos membros ou em qualquer outro modelo de família: elas estão ouvindo e aprendendo para formar seus próprios padrões de discurso. Enquanto os adultos estão se dirigindo a elas ou a outro adulto, conversando no telefone ou comentando a situação internacional, as crianças estão escolhendo esses sinais e aprendendo como falar.

Se os adultos costumam xingar, humilhar, reclamar, fofocar, criticar e gritar, existe uma probabilidade significativa de que as crianças façam a mesma coisa. Quanto mais essas ações se repetem, mais são reforçadas. Vou dar um exemplo extraído da minha própria infância.

Embora esse episódio tenha acontecido quando eu estava no primeiro ano primário, até hoje me lembro dele com todos os detalhes. Meu pai, que tinha pouca paciência e um tremendo vozeirão, ficou irritado com um cliente na nossa loja. Ele literalmente perseguiu o homem, expulsando-o dali, e, enquanto fazia isso, não apenas lhe disse para nunca mais voltar como o mandou "para o inferno".

Achei que era a frase mais fantástica que já tinha ouvido e mal pude esperar para fazer a mesma coisa com um dos meus amigos. Na manhã seguinte, no pátio da escola, meu melhor amigo me perguntou se eu queria jogar bola. Ele ficou completamente desnorteado ao ouvir minha resposta: "Vá para o inferno!" Fiquei todo orgulhoso – e me senti um perfeito adulto. E estava certo de que havia impressionado todos os garotos que tivessem escutado aquilo. Mas, antes que pudesse constatar quanto os deixara admirados, notei que minha professora, uma freira bastante severa, não estava nem um pouco maravilhada. Na verdade, ela estava chocada. "O *que* você disse?" Não tive nem tempo de responder – levei logo um tremendo cascudo na cabeça. (Não se esqueça de que naqueles tempos vigoravam os castigos corporais.) Então me ocorreu, mesmo com a tenra idade de seis anos, que talvez não fosse tão legal assim mandar as pessoas para o inferno, ainda que tivesse ouvido meu próprio pai falar isso. E essa história é bem amena se comparada à situação das crianças de hoje e ao que elas escutam. Às vezes, estremeço ao ouvir o que os pais dizem aos filhos em público.

Porém, isso também me faz analisar um lado mais saudável dessa questão. Muitos pais e responsáveis não apenas estão cientes do impacto que sua linguagem exerce na formação das crianças como fazem um esforço consciente para tentar moldá-la, estimulando o uso de palavras amáveis e afetuosas. Bons pais são cuidadosos com o que dizem e com o tom que adotam na presença dos filhos. Empregam uma linguagem decente e gentil e procuram centrar suas conversas no que o mundo tem de positivo.

Talvez esses pais estejam lendo alguns dos notáveis livros que existem hoje em dia sobre a educação de crianças. Já dei uma olhada em mais de vinte dessas obras e percebi uma série de traços comuns a todas elas. Um deles é a preocupação com uma linguagem amável e positiva. No lar, é ela que dá o tom e cria uma atmosfera em que as crianças podem se desenvolver de forma plena. Não importa o que esteja acontecendo fora de casa nem o que a televisão e a mídia em geral estejam difundindo, as palavras que os pais pronunciam de modo regular e coerente têm muito mais força. Os melhores professores que podem existir são justamente esse tipo de pai e de mãe.

As crianças aprendem o que elas vivenciam

Se as crianças vivem rodeadas por críticas, elas aprendem a condenar.
Se as crianças vivem com a vergonha, elas aprendem a se sentir culpadas.
Se as crianças vivem cercadas de estímulo, elas aprendem a ter confiança.
Se as crianças vivem com elogios, elas aprendem a prestar reconhecimento.

– Dorothy Law Nolte

2. Leia para seus filhos

Uma das melhores maneiras que os pais têm de estreitar os laços familiares e, ao mesmo tempo, ensinar princípios morais sadios é ler para – e com – seus filhos.

– Helen R. LeGette

É impossível saber qual foi o primeiro pai ou mãe que teve a idéia de ler histórias para fazer com que seus filhos dormissem. Mas sabemos com certeza que essa prática teve início há centenas de anos e que exerceu um poderoso efeito tanto sobre as crianças quanto sobre os pais. Isso já acontecia muito antes do surgimento dos psicólogos infantis e, ainda assim, é um dos dez principais conselhos que esses profissionais vêm oferecendo há bastante tempo. Quanto mais cedo esse hábito tiver início, melhor, dizem eles.

Há alguns anos, foi realizada uma pesquisa entre pessoas conhecidas por suas conquistas e por seu espírito comunitário. Uma das perguntas era: "Que experiências infantis mais influenciaram sua vida?" Houve muitas respostas a respeito dos hábitos que elas haviam aprendido a cultivar com os pais, porém a resposta mais freqüente foi esta: "Meus pais liam para mim à noite."

O simples ato de ler para uma criança, quando praticado com

regularidade, proporciona benefícios incalculáveis. E, agora que isso foi exaustivamente estudado, os resultados mais importantes estão consolidados e documentados. Essa prática:

Estabelece entre a criança e os pais um vínculo ao mesmo tempo físico e emocional.

O pai ou a mãe geralmente está na cama, e o contato físico transmite à criança um sentimento de calor e segurança. As histórias compartilhadas costumam suscitar perguntas e comentários por parte da criança, o que estabelece uma conversa rica e proporciona uma aproximação emocional.

Apresenta à criança boa literatura e histórias com uma forte mensagem moral.

Tradicionalmente, os pais lêem histórias clássicas bem escritas, com uma mensagem centrada em traços de caráter positivos. Isso faz com que a criança desenvolva um gosto por essas duas coisas e aumenta a probabilidade de que venha a ser influenciada por elas em fases posteriores da vida. Existe um estoque praticamente inesgotável de boas histórias à disposição dos pais em bibliotecas e livrarias.

Estimula na criança o amor à leitura.

As pesquisas mostram que as crianças cujos pais lêem para elas têm maiores de chances de se tornarem adultos que lêem por prazer ou para se informar. Isso também é um grande antídoto contra aquela parte nada saudável das notícias com a qual a mídia bombardeia o público infantil. Além de se tornarem leitores melhores, essas crianças desenvolvem a imaginação e se transformam em cidadãos mais bem informados.

Conduz a bons resultados na escola.

Numerosas pesquisas sobre o assunto revelaram que "a iniciativa por parte dos pais que mais contribui para que as crianças tenham sucesso na escola é ler em voz alta para elas". Portanto, trata-se de uma oportunidade inestimável que os pais têm de ajudar no desempenho escolar dos filhos.

Entre os muitos outros benefícios que a leitura proporciona à criança estão o conhecimento, a diversão sem grande custo, as conversas significativas, as lições morais e a melhora na capacidade de redação. Não importa o ângulo pelo qual examinemos essa questão, o esforço sempre resulta numa situação na qual todos ganham.

> *Você pode ter baús cheios de jóias e arcas cheias de ouro; riquezas materiais sem fim. Mais rico do que eu você nunca será – eu tive uma mãe que lia para mim.*
>
> – Strickland Gillian

Uma observação dirigida ao homem que é pai: não há problema nenhum no fato de você fazer uma leitura para seu filho. Na verdade, você deveria encarregar-se de ler no mínimo metade das histórias.

3. Tenha conversas relevantes

Um dos principais problemas que as famílias vêm enfrentando nos últimos anos é o pouco tempo que seus integrantes têm para compartilhar. Uma série de mudanças sociais e econômicas ocorridas na sociedade acabou levando a essa situação em muitas partes do mundo. O resultado é que o tempo compartilhado pelos membros da família tem sido cada vez menor e, conseqüentemente, eles se falam cada vez menos. Nada é capaz de unir tanto as pessoas quanto uma conversa em que as duas partes abrem o coração. Lamentavelmente, isso não vem acontecendo com a freqüência necessária.

Os pais precisam conceder uma alta prioridade à conversa de conteúdo relevante. Quando ela não ocorre, a rotina familiar costuma se transformar em algo parecido com navios silenciosos que passam um pelo outro em plena noite. Hoje, muitas famílias estão tão dispersas que seus integrantes conversam mais tempo entre si pelo celular do que pessoalmente. Durante os últimos cinco anos em que dei aulas para turmas do ensino médio, a maioria dos alunos dizia que era raro ver os pais durante os dias de semana. Quando lhes perguntava por que, recebia respostas como "Todo mundo vive com pressa", "Cada um vai para um lado", "Estamos sempre ocupadíssimos".

Há um velho ditado que diz: "Sempre conseguimos arranjar tempo para aquilo que consideramos realmente importante." Como outros antigos provérbios, esse também é verdadeiro. Nada conta mais para uma família do que manter conversas sérias e relevantes – entre adultos, entre adultos e crianças e também entre as crianças. Famílias sólidas e coesas preservam um bom diálogo em bases regulares e permanentes. Fazem disso uma prioridade e a incluem na sua rotina. Mais adiante neste capítulo apresentarei sugestões simples a esse respeito.

4. Faça boas perguntas

Esta é a pergunta que os pais dirigem aos filhos com maior freqüência: "O que você aprendeu na escola hoje?" Ela é feita milhões de vezes por dia. O impressionante é que em aproximadamente noventa e nove por cento das vezes a resposta obtida é: "Nada." Fim de papo. Formule uma pergunta ruim e ouvirá uma resposta ruim. A rotina da escola e o aprendizado são temas que devem ser discutidos em família todas as noites. Porém, para que a conversa se torne relevante, ela precisa ser estimulada por tópicos melhores.

Nas minhas palestras para pais e professores, sempre tento fazer com que eles se lembrem de que são parceiros na tarefa de criar e educar as crianças. Quanto mais se falarem, sobretudo sobre o que está acontecendo na escola, melhores serão as perguntas feitas em casa. Os pais têm a obrigação de estar cientes dos temas das aulas e dos outros programas desenvolvidos no ambiente escolar. Esse tipo de conhecimento propicia boas perguntas, respostas mais satisfatórias e uma conversa de muito melhor qualidade, que também pode ser divertida e informativa. É fantástica a quantidade de coisas interessantes que as crianças pequenas podem ensinar aos pais (além de como usar um computador). E elas ficam felizes quando isso acontece.

5. Celebre o dia à mesa de jantar

É evidente que a família não pode desfrutar de uma boa conversa à mesa de jantar se seus integrantes não conseguem se reunir para fazer essa refeição. Infelizmente, essa é outra tradição que vem se deteriorando nos últimos tempos. Se as pessoas não estão juntas à mesa ou se estão ali mas mantêm a televisão ligada, são poucas as chances de que se desenrole um bom bate-papo.

Como cresci numa época em que todos jantavam juntos, mantive essa tradição na minha própria família. Durante dez anos, fui um pai solteiro com três garotos em casa. Percebi que, à medida que iam crescendo, eles começavam a querer passar menos tempo à mesa de jantar. Tudo o que desejavam era engolir a comida e sair correndo para brincar. No entanto, eu insistia para que aquele fosse um momento de convivência familiar. Como as crianças não se sentiam tão atraídas por essa idéia, concluí que era minha responsabilidade encontrar assuntos que despertassem seu interesse.

Tive uma idéia brilhante: criei a "pergunta da noite". Eu perguntava aos meus filhos qual era seu professor favorito, de que matéria mais gostavam, qual era seu esporte predileto, etc. Essa atração permaneceu como uma idéia brilhante por cerca de duas semanas. Foi quando meu estoque de perguntas começou a se esgotar. Tornou-se cada vez mais difícil encontrar algo interessante todas as noites e me lembrei de que ainda tínhamos muitos anos juntos pela frente. Essa tarefa acabou se revelando mais complicada do que elaborar um plano de aulas diário para cada matéria que eu ensinava.

Certa noite, enquanto eu preparava o jantar, simplesmente não conseguia encontrar uma boa pergunta. O problema era que os garotos tinham começado a gostar daquilo. Mal nos sentávamos, um deles queria saber: "E aí, pai? Qual é a pergunta da noite?" Tive então que reconhecer diante deles que meu sistema apresentava uma falha importante (mais conhecida como falta de imaginação) e que naquela noite eu não tinha sido capaz de pensar em nada. Não me lembro exatamente de como a idéia me passou pela cabeça, porém eu disse: "E, se em vez de uma pergunta, cada um me contasse o que aconteceu de melhor no dia de vocês? Qual foi o grande acontecimento de hoje?" Por mero acaso – e por puro desespero –, eu tinha tropeçado na "pergunta mágica"!

Os meninos sempre tinham algo engraçado, gratificante ou interessante para compartilhar. Eles também queriam saber qual havia sido o ponto alto do meu dia. Ao longo dos anos, eles foram descobrindo uma série de fatos sobre minha carreira de professor e por que eu gostava tanto desse trabalho. Da minha parte, aprendi muito sobre as coisas que eram importantes para eles. O melhor de tudo era que a pergunta mágica podia ser feita todas as noites. Eu não precisava mais espremer os miolos para bolar uma nova sugestão, e as afirmações positivas estavam garantidas. Celebrávamos o dia todas as noites à mesa de jantar.

6. Esteja atento ao que seu filho faz de certo

Acredite ou não, as crianças realizam mais ações certas do que erradas. No entanto, sobre qual das duas coisas elas ouvem falar com mais freqüência? Em sua maioria, elas escutam bastante sobre cada uma das besteiras que aprontam, porém muito pouco sobre suas boas atitudes. Esse é um dos erros mais antigos e freqüentes cometidos pelos pais. A triste verdade é que a maior parte deles é bem melhor em destacar o que os filhos fazem de errado do que em enfatizar suas ações corretas.

Fui um desses pais até o dia em que meu filho mais velho, Dan, pôs um ponto final nessa história. Certa vez, cheguei em casa e o repreendi porque ele havia deixado pratos sujos na pia antes de ir para a escola naquela manhã. Talvez Dan tivesse vivido um mau dia ou apenas não tivesse conseguido suportar mais minhas cobranças permanentes. Seus olhos se encheram de lágrimas e ele desabafou: "É só isto o que você sabe fazer: me dizer o que faço de errado." Suas palavras me tocaram para valer. Tratava-se de uma acusação e, no caso, mereci ser condenado. Meus próprios olhos ficaram cheios d'água porque naquele momento percebi, envergonhado, que vinha fazendo com meus filhos o mesmo que meu pai havia feito comigo. Tinha me transformado num especialista em flagrá-los no erro.

Enquanto via as lágrimas nos olhos de Dan e ouvia a frustração que transparecia na sua voz, tive vontade de voltar no tempo, desfazer minhas críticas e substituí-las por elogios, mas aquilo não era possível. Tomei consciência de que tinha diante de mim um ótimo filho. Ele era educado, bom aluno, bom atleta, ajudava nas tarefas da casa, trabalhava duro e não se metia em encrenca. Qualquer pai ficaria orgulhoso e feliz em ter um garoto assim. E o que ele estava dizendo ao pai dele era: "Tudo o que você sabe fazer é apontar meus erros."

Nossa vida familiar mudou drasticamente a partir daquele dia. Tive uma longa conversa com Dan e com seus irmãos. Admiti minhas falhas, pedi que me perdoassem e prometi fazer tudo o que estivesse ao meu alcance para que soubessem quanto eu os admirava e como me sentia orgulhoso deles. Aquilo fez uma enorme diferença, sobretudo porque os garotos finalmente ouviram algumas coisas que toda criança precisa ouvir dos pais de vez em quando. É muito saudável admitirmos que erramos e pedirmos desculpas. E é ainda mais importante demonstrarmos reconhecimento e gratidão aos nossos filhos quando eles fazem algo certo.

Por mais doloroso que seja, sempre conto essa história nas minhas palestras para grupos de pais. Menciono esse episódio porque muitas pessoas já passaram por situações parecidas. Mesmo os pais mais carinhosos e presentes acabam caindo na armadilha de se concentrar demais no que os filhos fazem de errado. Cito esse exemplo para mostrar também que podemos aprender com nossas falhas. É de grande ajuda para os pais compreenderem que estão fazendo a mesma coisa que eu fiz e que são igualmente capazes de se corrigir e melhorar sua vida familiar. As crianças, como todos nós, gostam de ser reconhecidas por suas atitudes corretas.

7. Corrija com gentileza

Embora precisemos nos aperfeiçoar na tarefa de identificar as boas ações dos nossos filhos, também temos a responsabilidade de corrigi-los quando eles quebram as regras da família ou agem contra seus próprios interesses. O segredo está em *como* fazer isso. Os terapeutas de família dizem que despejar críticas sobre as crianças é um dos erros que os pais cometem com mais freqüência. Se isso envolver maneiras rudes e palavras destrutivas, pode provocar um mal muito maior do que qualquer ação negativa que tenha sido cometida. Entretanto, caso a observação seja feita com tato e com palavras que transmitam confiança, ela pode ajudar no processo de amadurecimento da criança. Os terapeutas de família também afirmam que as críticas construtivas e formuladas de um modo afável (juntamente com o reconhecimento das ações positivas) são uma das maiores responsabilidades dos pais.

Estas são as piores reações que os pais podem ter quando uma criança faz algo errado:

- Ceder a uma explosão verbal sem refletir antes.
- Gritar.
- Ameaçar.
- Xingar a criança.
- Concentrar-se na criança, e não no ato em questão.

As crianças fazem coisas erradas. Isso sempre foi e sempre será um grande desafio para os pais que desejam lidar com o problema de modo eficaz. As reações listadas acima tornam as coisas ainda piores. As que relaciono a seguir ajudam tanto a criança quanto os pais a resolver o problema:

- Conte (literalmente) até dez para ganhar tempo e pensar no que dirá e em como dirá.

- Mantenha a voz numa altura normal.
- Tranqüilize a criança quanto ao seu afeto por ela. Por exemplo: "Maria, nós a amamos muito, mas o que você fez foi errado e precisamos falar sobre isso."
- Concentre-se na má ação, e não na criança que a cometeu.
- Perdoe a criança.

8. Use e ensine as palavras mágicas

Da mesma forma que as crianças não herdam um bom caráter, elas também não herdam boas maneiras – é preciso ensiná-las.

– Helen R. LeGette

Boas maneiras só se tornarão importantes para os filhos se elas forem importantes para os pais.

– Thomas Lickona

Ao longo de séculos, as palavras mágicas "por favor" e "obrigado", juntamente com outras expressões de cortesia, foram ensinadas em todos os lares e reforçadas nas escolas e nas instituições religiosas. O resultado desse esforço foi uma sociedade educada e civilizada. Tudo isso, por uma série de razões, começou a mudar em meados dos anos 1960. Ainda que as boas maneiras continuem a ser enfatizadas por muitos pais, não podemos mais partir do pressuposto de que essas atitudes estão sendo ensinadas em casa.

Em nenhum outro lugar isso aparece de forma mais clara do que nas escolas. Há educadores tentando incutir nas crianças noções de boas maneiras que elas deveriam aprender no próprio lar. Trabalhando há anos nessa área, posso servir de testemunha das dificuldades que eles enfrentam em relação a isso. Muitos dos meus alunos adolescentes me explicaram que não diziam "por favor" na escola porque em casa e em outros lugares conseguiam o que desejavam sem usar essas palavras. Além disso, afirmavam que não diziam "obrigado" porque era desnecessário, afinal já tinham obtido o que queriam.

Felizmente eu também tinha muitos alunos educados e gentis a quem os pais *tinham ensinado* as palavras mágicas. Quando perguntados sobre os métodos que seus pais empregavam para ensinar boas maneiras, praticamente todos eles davam respostas como estas:

- "Meus pais sempre falam de maneira educada um com o outro e também com a gente e agem da mesma forma quando estão fora de casa."
- "Eles sempre nos lembraram de dizer 'por favor' e 'obrigado', até que isso virou um hábito."
- "Eles nos ensinaram que pessoas que usam uma linguagem educada têm mais sucesso na vida e também mais amigos."
- "Meus pais dizem que sentem orgulho de nós quando tratamos outras pessoas com educação sem que seja preciso chamar nossa atenção para isso."

Todas essas atitudes servem como conselhos mais do que saudáveis.

9. Ponha no papel a missão que sua família se propõe a cumprir dentro de casa em relação às palavras

Todas as grandes organizações se unem em torno de um compromisso escrito explicitando a missão que se propõem a realizar – uma curta declaração que ajuda seus integrantes a se manterem focados nesse objetivo e a não se esquecerem das suas responsabilidades. Que tal formular, pelos mesmos motivos, um compromisso escrito familiar? Uma vez que a comunicação no interior de uma família é vital para a sua existência, por que não pôr no papel um compromisso sobre a linguagem usada por seus membros?

Há alguns anos, li um artigo escrito por um homem cujos dois filhos estavam passando por uma fase em que se agrediam muito verbalmente. Eles atacavam constantemente um ao outro, tornando bastante desagradável a vida de todos na casa. O pai e a mãe convocaram uma reunião para discutir o problema. Seu principal argumento para convencer os garotos era lembrá-los de que o mundo fora de casa já é bastante duro e que nele todos nós somos criticados e hostilizados. Assim, deveríamos ter uma espécie de santuário – um lugar seguro no qual pudéssemos nos sentir protegidos das flechas verbais que disparam contra nós no lado de fora. Esse santuário deve ser nossa casa.

Em vez de ameaçarem os filhos com punições, os pais lhes pediram que os ajudassem a encontrar uma solução. Depois de uma hora de discussões e sugestões bastante produtivas, optaram pela idéia de formular uma missão familiar por escrito sobre o problema. Ela dizia: "O lar é o lugar onde nós formamos uns aos outros." Eles imprimiram a frase em grandes letras maiúsculas, a emolduraram e a penduraram na cozinha. Também se comprometeram a aplicar esse princípio no dia-a-dia. Os resultados foram maravilhosos. Isso é o que se consegue com uma reunião familiar para resolver um problema, com a formulação de uma missão e com um compromisso.

Venho compartilhando essa história com todos os pais que assistiram às minhas palestras nos últimos dez anos. A cada vez, desafio-os a fazer o mesmo. A resposta tem sido tremendamente gratificante. Algumas famílias usaram a formulação mencionada na história, outras definiram suas próprias missões em frases diferentes. Entre as minhas favoritas estão:

- Nada de bate-bocas: aqui só se trocam gentilezas.
- Quem tem algo de bom a dizer?
- Esta família celebra a vida e uns aos outros.

10. Programe uma noite só para a família

"A melhor decisão que tomei na vida a respeito do emprego do meu tempo foi reservar uma hora por semana para a noite da família. É incalculável o impacto positivo e duradouro que essa medida teve sobre cada um de nós." Essa afirmação foi feita por um especialista no uso do tempo de forma eficiente durante um retiro de que participei há alguns anos. A maioria das pessoas que tomaram parte desse encontro era composta de executivos, e seu objetivo era encontrar maneiras de produzir mais em menos tempo. No entanto, elas aprenderam algo infinitamente mais precioso: a elaborar um plano para passar mais tempo – e um tempo de melhor qualidade – com sua família.

Existiam apenas quatro regras no que diz respeito à noite da família:

1. Ocorreria sempre na mesma hora e no mesmo dia da semana.
2. Seria realizada ainda que um integrante da família estivesse ausente.
3. Teria no mínimo uma hora de duração.
4. Deveria incluir algum tipo de conversa.

O líder daquele workshop, que não é mórmon, diz que a idéia foi sugerida por seus amigos mórmons, já que essa é uma prática comum nessa religião. Ele contou que, a princípio, seus filhos demonstraram um pouco de resistência – na época eles tinham seis, oito e doze anos. Mas, após poucos meses, ficou claro que a noite da família havia se transformado em algo especial. Cada membro da família se revezava para decidir que tipo de atividade seria adotado, de modo que os outros compareciam à reunião sem saber exatamente o que aconteceria. Esse era um aspecto divertido do encontro. Ele disse que seus filhos o surpreendiam com muita freqüência. Às vezes, ensinavam aos outros algo que haviam aprendido na escola, outras vezes propunham um tipo de jogo ou faziam alguma pergunta instigante e até liam uma citação capaz de provocar um debate. Havia uma ampla variedade de atividades, e cada uma delas resultava em laços que se estreitavam a cada semana.

"Vocês têm que experimentar isso!", ele disse, animado. "Depois de rezarmos juntos, essa é a melhor coisa que nossa família faz.

Tínhamos uma boa família antes de instituirmos esse costume. Agora temos uma família incrível." Fale com qualquer criança ou pai cuja família mantenha essa prática e você ouvirá um testemunho parecido. Uma hora por semana pode fazer uma enorme diferença e criar lembranças que permanecerão para sempre.

Famílias saudáveis exigem uma comunicação saudável.
– H. Norman Wright

> *Cada palavra que os pais ou seus filhos pronunciam, cada ação que praticam e toda atitude que tomam ajudam a formar o "arquivo de memórias" da criança. Esse registro – esse arquivo de memórias – transforma-se na história e na posteridade dos pais. No caso das crianças, constitui sua herança e seu destino.*
>
> – Rabino Wayne Dosick

Capítulo 12

As palavras amáveis ensinam a gentileza nas escolas

Na condição de alguém que, quando criança, sofreu de complexo de inferioridade e de falta de auto-estima, sou uma pessoa particularmente sensível à importância do carinho, do amor, do estímulo e dos elogios em relação àqueles cujas vidas têm alguma relação com a minha. Incentivos e elogios... têm o poder de mudar uma vida, e essa vida, por sua vez, pode mudar outras.

– Norman Vincent Peale

Nada de bate-bocas: aqui só se trocam gentilezas

As palavras acima podiam ser lidas num grande cartaz que mantive num lugar de destaque na frente da minha sala de aula. Era uma das primeiras coisas que se percebia ao entrar ali. A frase "Nada de bate-bocas" aparecia dentro de um círculo vermelho cruzado pela faixa que indica proibição. "Aqui só se trocam gentilezas" vinha em letras enormes debaixo do círculo vermelho. Era um dos muitos cartazes que ficavam na frente da sala, entretanto era o único que eu mencionava de modo especial no primeiro dia de aula. Fiz isso porque desejava estabelecer o tom apropriado para aquele ambiente desde o início. Da mesma forma que o lar, a sala de aula deveria ser um santuário. É preciso que esse espaço se transforme num lugar onde os alunos se sintam mais seguros, bem-vindos e parte de uma comunidade solidária. Na verdade, esse é o sentimento que eles deveriam ter em relação à escola inteira. Lamentavelmente, nem sempre é o que acontece.

Quando é doloroso ir à escola

A escola pode ser uma fonte de medo, tristeza e solidão para um grande número de alunos de todas as séries. A causa principal dessa sensação de deslocamento são as palavras agressivas. Elas partem dos próprios estudantes e assumem muitas formas: intimidação, ameaças, xingamentos, zombarias, humilhações e estigmas de ordem racial e sexual. Comentários desse tipo machucam mais do que socos e pontapés, e os ferimentos que provocam levam muito mais tempo para cicatrizar.

Há muitas teorias que tentam explicar por que isso vem acontecendo com uma freqüência cada vez maior, porém existem outras duas questões com as quais as lideranças das escolas precisam se preocupar: o que podemos aprender com esse quadro? Temos condições de ensinar às crianças a empregar a linguagem de modo mais construtivo, conseguindo assim melhorar a atmosfera existente nas escolas?

Lições de Columbine e de outros tiroteios em escolas

A lição mais dolorosa, ainda que talvez tenha sido também a mais valiosa, veio do episódio trágico dos estudantes mortos a tiros na escola de Columbine, em Denver, na primavera de 1999. Como foi o incidente mais violento já registrado numa escola, mereceu mais atenção e um acompanhamento maior por parte da mídia do que qualquer caso anterior. Descobrimos que na cultura das grandes escolas públicas em bairros de classe média alta nos Estados Unidos existe pequena ou nenhuma tolerância em relação àqueles que são considerados "diferentes". Se um aluno não se enquadra nos padrões adotados pela maioria, ele é lembrado desse fato todos os dias pelas zombarias e pelos insultos que ouve dos colegas. No caso em questão, as agressões verbais de cada dia produziram um efeito cumulativo. O resultado foi um desastre e um pesadelo nacional.

No período que se seguiu à tragédia, ficamos sabendo que as ofensas vinham sendo proferidas havia bastante tempo. Embora os educadores que trabalhavam naquela escola estivessem cientes disso, eles fizeram muito pouco para extinguir esse tipo de comportamento. "As crianças sempre agirão como crianças" – essa parecia ser a filosofia, e os insultos continuaram até o dia do tiroteio. Não estou sugerindo que todas as agressões verbais ocorridas em escolas podem acabar em assassinato, no entanto sabemos com certeza que todos os outros casos de tiros em escolas nos Estados Unidos se originaram do mesmo problema. Levem ou não armas para as escolas, o certo é que as crianças são magoadas de maneira terrível por agressões verbais feitas por colegas.

Eric Harris, um dos estudantes envolvidos no episódio de Columbine, deixou um bilhete antes de se suicidar. Era um e-mail endereçado aos pais das muitas crianças que ele pretendia matar. Sua mensagem foi a seguinte: "Seus filhos, que me ridicularizaram, que decidiram não me aceitar, que me trataram como se eu não merecesse a atenção deles, estão mortos." Um colega de sala disse o seguinte a respeito de Dylan Klebold, o outro estudante que participou do tiroteio: "Ele realmente sentia que não era amado. Não era uma pessoa tão ruim assim. Era solitário." Esses foram garotos que se sentiram magoados, feridos por seus colegas, por suas palavras, que se tornaram armas mortais. Então, responderam com suas próprias armas.

O diretor da Columbine, ao ser entrevistado pela imprensa na reabertura da escola quatro meses depois da tragédia, admitiu que os funcionários da instituição não haviam tido sensibilidade suficiente para perceber o ostracismo social a que estavam relegados Eric Harris, Dylan Klebold e outros alunos que não se enquadravam nos padrões da cultura estudantil em vigor ali. Ele também anunciou que, a partir daquele momento, a escola adotaria uma política de "tolerância zero" em relação a todo tipo de agressão verbal.

Se existe algo que as lideranças das escolas deveriam aprender com esse episódio é saber que é fundamental estarmos atentos ao que os alunos dizem uns aos outros e ao efeito que isso tem sobre eles. Não podemos mais aceitar a desculpa de que esse é o jeito das crianças e que elas sempre agirão assim. Mesmo que isso seja verdade, é nosso dever fazermos tudo o que estiver ao nosso alcance para impedir que elas magoem umas às outras nas escolas. E os pais têm o dever de tomar essa mesma atitude em casa.

A política de "tolerância zero" em relação a humilhações e zombarias anunciada pelo diretor da Columbine fez sentido, especialmente naquelas circunstâncias. Porém, ainda que bem-intencionada, ela foi mais reativa do que ativa. E também foi limitada. Em vez de esperarem que algo trágico aconteça, as lideranças das escolas precisam assumir a iniciativa de, no início de cada ano letivo, tomar medidas proativas em relação ao poder das palavras e reforçar esse trabalho em bases regulares. Todos os adultos que trabalham ali, todos os alunos e todos os pais deveriam participar desse esforço. Isso pode parecer uma missão impossível numa escola pública de grandes dimensões, mas não é. A boa notícia é que hoje em dia existem escolas que servem como excelentes modelos de ambientes seguros, solidários e acolhedores.

Quando as palavras criam situações em que todos ganham

Atualmente estão em andamento diversos programas que promovem o uso de uma linguagem positiva nas escolas americanas. Muitos deles são projetos mais amplos que têm melhorado radicalmente a atmosfera existente no ambiente escolar, enquanto outros são frutos apenas da iniciativa e da criatividade de professores dedicados. Conheça alguns exemplos de como podemos ensinar às crianças a fazer escolhas mais saudáveis em relação às palavras:

Não às humilhações

Trata-se de um programa que define as "humilhações" como "palavras negativas e termos depreciativos ou ações que demonstram desrespeito pelas pessoas ou por grupos de pessoas". Alguns dos princípios básicos desse programa altamente eficaz são:

- Todos os integrantes da escola ou de determinadas salas em particular são responsáveis por criar um ambiente onde prevaleça o respeito.
- Os jovens são um recurso, e não um problema. Eles podem fazer importantes contribuições à comunidade escolar. Na realidade, eles *são* a comunidade.
- A violência pode ser evitada quando os integrantes da comunidade aprendem juntos a conquistar certas habilidades, tais como: capacidade de se comunicar de forma educada, autocontrole, comportamento solidário e reações construtivas a situações de conflito.

O poder das palavras positivas

Essa é uma atividade bastante simples que pode ser realizada com crianças de todas as idades. É descrita pelo Dr. Thomas Lickona em *Educating for Character: How our Schools Can Teach Respect and Responsability* (Educação pelo caráter: como as escolas podem ensinar respeito e responsabilidade). Ele pede aos alunos que o ajudem a fazer uma lista das palavras que podem ser ditas às pessoas para lhes transmitir bons sentimentos. Em seguida, solicita que os estudantes façam o contrário: escrevam palavras que provavelmente despertariam sentimentos negativos nas pessoas. Em questão de minutos, os alunos escolhem uma série de termos que se encaixam nas duas listas. Depois, ele lhes pergunta: "As palavras, portanto, têm poder, não é?" A resposta é afirmativa. O Dr. Lickona então os lembra de que, cada vez que falam com os outros, eles exercem o poder de fazer com que alguém se sinta bem ou mal. Ele também pergunta quais palavras os estudantes gostariam de ouvir sobre si mesmos e quais não apreciariam ver aplicadas a eles.

Isso é seguido por uma atividade em que os alunos escrevem em tiras de papel palavras positivas a respeito dos colegas. Essas tiras acabam sendo distribuídas a todos eles, que, depois, conversam com seriedade sobre o assunto. Todas as crianças se beneficiam desse exercício e se tornam mais conscientes de dois aspectos da sua comunicação com os companheiros de turma: as palavras são escolhas e as palavras positivas quase sempre criam situações em que os dois lados ganham. Os estudantes também entendem que pronunciar palavras positivas é algo que proporciona uma sensação boa. O Dr. Lickona promoveu essa atividade simples, porém altamente eficaz, com turmas da quinta série. Por muitos anos, usei uma variante desse exercício com alunos mais velhos, já no nível do ensino médio. Sua utilidade tem se mostrado incalculável.

"Nesta escola não falamos desta maneira."

O Dr. David Brooks, que ocupou diferentes cargos em instituições de ensino, incluindo o de diretor, estava trabalhando numa escola para crianças da quinta à oitava série quando enfrentou um problema grave: os alunos estavam abusando de uma linguagem bastante indecente. Palavras imorais eram ouvidas por toda parte na escola. Punições e advertências não surtiam efeito. A equipe de professores queria resolver a situação, mas a maioria deles sentia-se impotente, e muitos já tinham desistido. Depois de se encontrarem com o Dr. Brooks e com um consultor, os professores concordaram em tentar uma nova abordagem. Cada vez que um deles ouvisse um estudante dizer algo obsceno, deveria se aproximar do aluno e afirmar: "Nesta escola não falamos desta maneira" e, em seguida, se afastar.

O aspecto mais importante dessa estratégia foi o fato de toda a equipe de professores adotar com firmeza o mesmo comportamento. Assim, transmitiram uma mensagem diretamente aos alunos e proporcionaram apoio uns aos outros nesse esforço em favor do emprego de uma linguagem decente. Deu certo. Em poucas semanas, o uso de palavrões fora quase eliminado. O que mais agradou aos professores e funcionários foi constatar que os próprios estudantes começaram a se policiar em relação ao uso de palavras impróprias. Logo depois, eles estavam dizendo a mesma coisa aos recém-chegados que tinham o hábito de xingar: "Nesta escola não falamos desta maneira."

No caso dessa instituição de ensino em particular, o segredo do sucesso foi o estabelecimento de expectativas. Nas aulas de sociologia, se aprende que as pessoas se comportam do modo como se espera que elas se comportem. Nesse exemplo, as expectativas foram definidas com clareza e de uma forma não agressiva, assim o clima na escola melhorou nitidamente.

Um clássico de Emily Dickinson é útil às crianças

Alice Hazel é uma dessas professoras que todos nós gostaríamos que nossos filhos tivessem. Há muito tempo, ela vem ensinando inglês numa escola para alunos entre dez e quatorze anos em Buffalo e continua apaixonada por seu trabalho. Com base num poema clássico de Emily Dickinson, Alice identificou uma grande lição a ser transmitida às crianças sobre o poder das palavras.

UMA PALAVRA

Uma palavra morre
quando é falada,
alguns dizem.

Eu digo que ela
só começa a viver
nesse dia.

Primeiro, Alice solicita aos alunos que leiam o poema e, depois, o discute com eles. Em seguida, pede que escrevam sobre dois incidentes em duas folhas de papel separadas. Numa delas, devem relatar uma situação que tenham testemunhado, provocado ou da qual tenham participado de alguma forma, na qual alguém tenha dito algo que magoou uma pessoa. Na outra folha, têm que mencionar um episódio no qual alguém tenha feito um elogio ou dirigido uma palavra amável a uma pessoa. Depois, são orientados a colocar as folhas em duas caixas diferentes sem assinar os textos.

Alice solicita a todos os alunos que tirem uma folha de papel de cada caixa. Ela então organiza a turma em pequenos grupos para que possam discutir as situações relatadas. Como aqueles são casos reais sobre o impacto positivo e negativo das palavras e como foram contados por colegas, os estudantes fazem a tarefa com muita seriedade. Discutem suas opiniões, e todos têm oportunidade de expressar seus sentimentos. A resposta que essa professora tem obtido, tanto da parte dos alunos quanto da parte dos pais, comprova que esse simples exercício produz um efeito positivo e duradouro.

Palavras substitutas

Madeline Turner é outra professora que sabe estabelecer vínculos com os alunos e compreende a importância de ensinar-lhes a se comunicar sem usar palavras ofensivas. Ela dá aulas numa escola de ensino médio em Marietta, na Geórgia, para crianças que vivem em situações sociais problemáticas. Grande parte dos seus alunos desenvolve maus hábitos verbais (palavrões, tom agressivo, reclamações) muito antes de entrar para a turma. A orientação da escola é que Madeline identifique os estudantes que usam essa linguagem imprópria e os encaminhe para a direção.

Ela ficou imaginando se não haveria uma forma melhor de lidar com a questão, uma alternativa à punição com mais chances de levar à solução do problema. Algo que exigisse um pouco mais de criatividade e não a fizesse perder tempo. Então, resolveu estabelecer um acordo com a turma: não anotar os nomes dos alunos nem os encaminhar à direção se eles trocarem imediatamente o palavrão que deixarem escapulir por uma "palavra substituta". Por exemplo: um deles fica chateado com alguma coisa e, sem pensar, grita a célebre palavra "m...". Madeline olha calmamente para o estudante e diz: "Preciso de uma palavra substituta." Uma rápida troca por outro termo o livra de uma bronca da direção, de modo que ele tenta se safar rapidamente com uma opção como "mico", por exemplo. Quase sempre, a solução provoca uma gargalhada do próprio aluno, de Madeline e de todos os que ouvem a resposta. Com isso, o problema é enfrentado imediatamente, a criança tem uma oportunidade de corrigir sua linguagem inadequada, uma lição é aprendida e todos voltam rapidamente ao trabalho.

Essas são apenas algumas das muitas táticas eficazes que estão sendo usadas hoje em dia nas escolas para ajudar os alunos a pensar antes de falar e a escolher as palavras que contribuam para a criação de um ambiente seguro, positivo e propício ao aprendizado. Tais iniciativas mostram que esse objetivo pode ser alcançado. Observe que, em nenhum desses casos, alguém simplesmente *mandou* que os alunos usassem palavras amáveis. Ao contrário, lhes foi dada a oportunidade de estar tanto no papel de quem envia quanto no de quem recebe esse tipo de mensagem. Quando isso acontece, eles são capazes de perceber rapidamente que podem criar uma situação em que todos ganham.

A influência dos professores

Os professores, pela própria natureza do seu trabalho, falam mais do que a média das pessoas. Por causa disso e pelo fato de receberem a responsabilidade de moldar a mente dos jovens, eles deveriam ser tão cuidadosos quanto os pais na escolha das palavras que empregam. Em sua maioria, eles desempenham plenamente esse papel. Existem, é claro, exceções, e mesmo o melhor e o mais positivo desses profissionais precisa ser lembrado de vez em quando da importância que suas palavras têm.

No início de todas as minhas apresentações para professores e outros grupos de pessoas que trabalham em instituições de ensino, leio um texto que considero fundamental. É uma citação de Haim Ginott que eu mantinha colada à minha mesa na escola. Servia como um lembrete diário da enorme responsabilidade assumida por todo professor.

A diferença que um professor pode fazer

Cheguei à assustadora conclusão de que sou o elemento decisivo na sala de aula. É minha abordagem pessoal que determina a atmosfera... Como professor, detenho um enorme poder, capaz de tornar a vida de uma criança infeliz ou alegre. Posso ser um instrumento de tortura ou um instrumento de inspiração.

– Haim Ginott

A citação de Ginott me ajudou a compreender que minhas palavras e a maneira como eu as pronuncio tinham uma influência maior do que qualquer outra coisa na criação de uma comunidade mais solidária na sala de aula. Minha primeira responsabilidade, portanto, era desenvolver e utilizar um vocabulário sadio para a formação dos alunos. Minha segunda responsabilidade era ajudá-los a compreender o impacto provocado por sua linguagem e, a cada dia, dar-lhes a oportunidade de pôr em prática "o poder positivo das palavras". Estas eram algumas das rotinas que adotávamos:

- Antes das aulas, eu ficava no lado de fora da sala, próximo à porta, cumprimentava cada um dos alunos pelo nome e ainda fazia uma pergunta quando havia tempo.
- No primeiro dia de aula, tínhamos uma discussão sobre boas maneiras, sobre a Regra de Ouro (trate as pessoas como gosta de ser tratado), sobre as situações em que todos ganham e sobre o poder da linguagem, seguida de alguns exercícios.
- Os alunos escreviam uma declaração de missão para a turma relativa ao tipo de linguagem usado na sala de aula.
- No começo de cada aula, eu fazia a mesma pergunta: "O que estamos celebrando hoje?" As respostas dos alunos poderiam ter até quatro enfoques: compartilhar boas notícias, falar de algo ou de alguém a quem se sentissem agradecidos, dizer algo positivo sobre uma pessoa que estivesse presente ou nos fazer rir (contanto que se tratasse de humor saudável).
- Em toda a sala, havia cartazes para fazer com que as crianças se lembrassem do poder que suas palavras poderiam

ter. Além do cartaz "Nada de bate-bocas: aqui só se trocam gentilezas", existiam outros com os dizeres: "Palavras gentis custam pouco, mas obtêm muito", "Comemore o dia de hoje!", "Celebrem uns aos outros!", "Esta é uma comunidade solidária", "Sala da Regra de Ouro" e "Palavras com as quais todos ganham". Durante os primeiros dias de aula, discutíamos cada uma dessas mensagens e como poderíamos implementá-las.

- Numa parte da sala havia um conjunto específico de cartazes. Cada um deles continha uma palavra, que ficava dentro de um círculo atravessado pela tradicional faixa vermelha que indica proibição. No cartaz do meio havia a palavra "Veneno". Os outros à sua volta diziam "Reclamar", "Gemer", "Lamentar", "Praguejar" e "Fofocar". Eu pedia aos alunos que explicassem a disposição dos cartazes. A resposta estava sempre correta: "Fazer essas coisas é como espalhar veneno neste ambiente."
- Todos os dias eu enviava elogios aos pais de pelo menos duas crianças, destacando aspectos positivos do comportamento dos seus filhos em relação a itens como um trabalho que tivessem realizado, boas maneiras, comparecimento, contribuição à discussão na sala de aula, atos de gentileza, um dever de casa particularmente bem-feito, etc.

Por favor, não conclua com isso que nas minhas turmas não se desenvolvia nenhuma atividade acadêmica. Ao contrário, eu era exigente e fazia com que os alunos estudassem. Entretanto, assim que comecei a trabalhar como professor, aprendi que eles se comportariam melhor e dariam ainda mais duro nos estudos se estivessem num ambiente mais solidário e mais adequado à sua formação. Os alunos e eu criamos essa atmosfera de modo coerente ao escolhermos as palavras certas.

Palavras têm o poder de mudar vidas de maneiras positivas. Elas conseguem traçar um destino. Mas também têm o poder de destruir uma vida. Tome cuidado e escolha com cautela as palavras que você usa. A vida dos seus alunos pode vir a depender disso.

– Deb Brown

UM PROGRAMA REVOLUCIONÁRIO NAS ESCOLAS

A entidade Words Can Heal criou uma iniciativa revolucionária no sentido de despertar entre os jovens do meu país a consciência do poder que as palavras detêm para magoar e curar.

Trata-se do programa Educação pelo Caráter, que enfatiza a necessidade de empregar uma linguagem que seja positiva, livre de xingamentos, ameaças, zombarias, difamações e deboches. Foi concebido para ser aplicado nas escolas, em atividades pós-escola e em organizações juvenis.

Capítulo 13

As palavras de apoio elevam o moral e melhoram os resultados no trabalho

É óbvio que, no trabalho, dinheiro e salários justos são elementos importantes. Porém, quando pensamos no bem-estar e na lealdade dos funcionários em termos de longo prazo, esse é um exemplo de que "nem só o dinheiro conta". Os colaboradores se aprimoram, se sentem motivados e permanecem por mais tempo na empresa quando se consideram reconhecidos por um trabalho bem-feito – quando se sentem apreciados e incluídos no sistema.

– Bob Nelson

"Quero dar um livro para meu gerente."

Alguns anos atrás, participei de um seminário de fim de semana com cerca de cinqüenta pessoas. O líder pediu que nos apresentássemos e disséssemos como ganhávamos a vida. Em seguida, dirigiu às pessoas uma série de perguntas sobre suas carreiras. Desse modo, fez com que nos sentíssemos importantes e nos deu a oportunidade de saber algo a respeito uns dos outros no início daquele dia. Quando chegou minha vez, disse meu nome e contei que era professor, autor de livros e conferencista. Assim como muitas pessoas do grupo, ele pareceu fascinado com o fato de eu ter escrito um livro e comentou: "Nunca tinha conhecido um autor." E outros participantes disseram a mesma coisa. Era como se a condição de autor tivesse algo de mítico.

O líder do seminário não me fez nenhuma pergunta sobre meu trabalho como professor e conferencista, mas quis saber tudo sobre o fato de eu ser um escritor. Disparou uma série de indagações sobre o processo de redação de um livro, sobre as editoras e sobre o conteúdo do meu primeiro livro. Depois, perguntou se eu pretendia escrever outra obra. Respondi que vinha recolhendo material para isso havia muito tempo e que esperava começar a preparar o segundo livro em breve. Ele quis saber de que assunto eu trataria. Expliquei que seria sobre o poder das palavras, especialmente das palavras positivas, e sobre como elas podem fazer aflorar o que há de melhor nas pessoas.

Nesse momento, uma jovem que estava sentada perto de mim disse: "Acho bom você se apressar e escrever logo o livro, quero dar um para meu gerente." Ouviram-se muitas risadas, seguidas de um comentário de outro participante do seminário: "Vou comprar três exemplares. Nenhum dos meus supervisores faz a menor idéia do que seja isso." Mais manifestações de ressentimentos contra supervisores seguidas de outras encomendas de um livro que nem sequer havia sido escrito. Então, o líder do seminário, claramente sem muita esperança de obter uma resposta, perguntou: "Por que vocês acham que tanta gente em cargos de liderança tem dificuldade de entender isso?"

Na verdade, *existe* uma resposta para essa pergunta ou, pelo menos, há uma teoria bastante consistente a respeito disso. Seja qual for seu tipo de trabalho, as pessoas, em sua maioria, começam a carreira partindo dos primeiros degraus da escada, bem lá de baixo. Em muitos casos, quando dão duro e fazem seu trabalho com competência, acabam sendo promovidas. Em geral, a promoção implica gerenciar pessoas. No entanto, realizar bem determinadas tarefas e liderar são duas atividades completamente diferentes. Isso exige um conjunto especial de habilidades para fazer aflorar o que as pessoas têm de melhor. A maior parte dessas habilidades tem a ver com a capacidade de se comunicar de maneira eficiente, o que inclui saber escolher bem as palavras.

O modo como os gerentes falam e o que os colaboradores dizem

Como o assunto já tinha sido mencionado no início daquele dia, o modo como os gerentes se dirigem aos colaboradores passou a ser o principal tema de conversa durante o evento. Era como se quase todas as pessoas ali tivessem decidido fazer uma observação sobre a forma como seus supervisores se expressam verbalmente no ambiente de trabalho. O tema continuou a vir à tona nas sessões de treinamento, nos intervalos, no almoço e até depois do encerramento do seminário. Ouvi muitos relatos surpreendentes e desanimadores a respeito da maneira como diretores, presidentes, donos de empresas, executivos e outros profissionais em posições de comando falavam com seus liderados.

Os participantes do seminário pareciam dispostos a extrair o máximo possível do meu cérebro. Como eu estava escrevendo um livro sobre o assunto, eles me tomaram por um especialista no tema. Mas a verdade é que aquelas pessoas sabiam muito mais do que eu sobre o poder que as palavras exercem no local de trabalho. Em primeiro lugar, eu ainda estava começando a coletar material sobre esse aspecto em particular, que corresponderia a apenas uma pequena parte do livro. Em segundo lugar, minhas experiências até então se limitavam ao mundo acadêmico. Além disso, nos primeiros vinte anos da minha carreira, recebi muito pouco dos meus supervisores em termos de reações positivas. De uma forma um tanto ingênua, eu imaginava que os que ocupavam postos de liderança no campo dos negócios estavam se saindo muito melhor nessa área. Porém, descobri que a realidade era outra.

Agora eu estava intrigado e desejava saber mais sobre como as pessoas dirigiam a palavra umas às outras no ambiente de trabalho. Felizmente, uma vez por semana eu tinha acesso a profissionais de áreas diversas, os meus alunos na Universidade de São Francisco. Eles estavam na casa dos trinta, quarenta e cinqüenta anos e participavam de um programa especial com a intenção de obter um diploma em comportamento organizacional. Muitos deles estavam voltando à faculdade depois de muitos anos de afastamento e mostravam uma grande disposição para aprender. Seu objetivo era saber como aplicar no mundo real do trabalho as teorias apresentadas nos manuais, de modo que pudessem se tornar gerentes eficientes. Ao longo desse processo, eles revelaram que tinham muito a dizer sobre seus próprios supervisores. Nos anos seguintes, eu viria a aprender que três em cada quatro desses estudantes davam notas baixas aos seus superiores por causa da maneira como estes últimos se dirigiam aos subordinados.

Ensinei-lhes as teorias que explicam por que os gerentes se expressam dessa forma com os colaboradores. Eles, por sua vez, me ensinaram algo sobre o modo como a maior parte dos supervisores *realmente fala* com seus subordinados. Nos vinte anos que se seguiram, elaborei pesquisas, coletei dados e ouvi meus alunos. A principal pergunta que eu fazia – e aquela que os estudantes mais queriam discutir – era: "Qual é a melhor maneira de um gerente fazer com que os colaboradores se sintam valorizados e apreciados?" Veja as respostas, listadas na ordem de importância atribuída por eles.

O que os colaboradores apreciam na atitude dos gerentes em termos de comunicação verbal

1. Palavras de reconhecimento e recompensa por um trabalho bem-feito.
2. Solicitação de contribuições – opiniões, estimativas e sugestões.
3. Demonstrações de interesse – perguntar por suas famílias, atividades, etc.
4. Informações claras sobre o que esperam deles.
5. Oferecimento de ajuda.
6. Serem chamados pelo nome.
7. Encorajamento e demonstrações de confiança.
8. Manifestação de críticas de forma reservada, educada e construtiva.

Meus alunos adultos também queriam discutir o modo como gerentes e outras lideranças prejudicavam o moral dos funcionários e faziam com que eles se sentissem desvalorizados. Sua lista, novamente disposta em ordem de importância, é reproduzida a seguir.

O que os colaboradores não *apreciam na atitude dos gerentes em termos de comunicação verbal*

1. Fofocas – não é uma atitude profissional, magoa as pessoas e destrói o moral.
2. Serem ignorados – simplesmente não estabelecerem nenhuma comunicação verbal.
3. Críticas expressas de forma grosseira, sobretudo na frente dos colegas.
4. Fala e tratamento ríspidos, como se os colaboradores fossem pessoas inferiores.
5. Reclamações e destaque permanente ao que há de negativo.
6. Gritos e berros.
7. Linguagem chula e imprópria.
8. Ameaças.

À medida que essas duas listas começaram a tomar forma, não pude deixar de comparar as reações ao comportamento dos supervisores no mundo dos negócios com as reações ao comportamento dos líderes na área acadêmica. Não havia diferença nenhuma pelo simples fato de que todas as pessoas, independentemente da profissão, apresentam as mesmas necessidades básicas. Elas querem se sentir valorizadas e apreciadas, desejam ser reconhecidas pelo que realizam de bom e almejam trabalhar num ambiente em que sejam tratadas com respeito.

A maneira como os colaboradores falam também afeta a atmosfera do ambiente de trabalho

Minha pesquisa foi inicialmente concebida para descobrir tudo sobre como os supervisores falam com os colaboradores e de que maneira isso os afeta. Porém, as pesquisas costumam nos levar a importantes questões que estão além do campo de estudo original, e meus alunos chamaram minha atenção para outro fato: o modo como os colaboradores falam com os colegas e a respeito deles também influi na formação do ambiente de trabalho. Novamente, acabei chegando a duas listas:

O que os colaboradores gostam de ouvir dos colegas

1. Palavras de apoio, positivas.
2. Destaques ao que está dando certo.
3. Linguagem educada e gentil.
4. Boas piadas e histórias engraçadas.

O que os colaboradores não *gostam de ouvir dos colegas*

1. Fofoca.
2. Reclamações e lamentações.
3. Demonstrações de raiva, linguagem chula e palavras rudes.
4. Críticas e humilhações.

Não é preciso ser nenhum gênio para compreender que as coisas que as pessoas gostam de ouvir e as coisas que elas não apreciam ouvir no trabalho – tanto dos supervisores quanto dos próprios colegas – são exatamente as mesmas que queremos e não queremos escutar em qualquer lugar, não importa onde estejamos. O assunto sobre o qual falamos e a maneira como nos expressamos, mais do que qualquer outro fator, cria a atmosfera em que vivemos – em casa, na escola, no escritório, com os amigos, nos esportes e nas instituições religiosas. As palavras têm um enorme poder.

Considerações sobre o ato de fofocar

Se pudéssemos avaliar os prejuízos causados às grandes empresas pela fofoca, talvez víssemos que o total ultrapassa o PNB das nações mais pobres.

– Harvey Mackay

Existem revistas, jornais, sites e programas de rádio e televisão dedicados inteiramente a fofocas. Há quem ganhe salários milionários para cavar informações cabeludas a respeito de outras pessoas e espalhá-las por toda parte. Certa ocasião, ouvi alguém dizer que esses mexericos sobre a vida alheia são um "grande passatempo". Há tempos a fofoca vem sendo parte da cultura de muitos países. Mas isso não significa que ela seja algo bom.

Eu sabia que em algum ponto deste livro teria que abordar esse tema, porém não tinha certeza sobre qual seria a melhor seção para incluí-lo. Decidi que seria esta porque muitas pessoas me disseram que a fofoca é um problema bem mais grave nos locais de trabalho do que em qualquer outro ambiente. De fato, era um assunto de destaque na última escola em que ensinei (tanto entre os estudantes quanto entre os professores). Muitos dos meus colegas já se disseram seriamente preocupados com isso e quase todos os meus alunos adultos afirmaram que esse costume exercia um efeito pernicioso no seu ambiente profissional.

O fato de fazermos fofoca é menos importante do que reconhecermos que ela cria situações negativas, ou seja, aquelas em que todos saem perdendo. É como diz um provérbio espanhol: "A pessoa que lhe conta uma fofoca também fará fofoca sobre você." O efeito dessa prática é ainda mais nocivo quando o mexerico parte de profissionais que ocupam cargos de liderança. Fiquei estarrecido quando uma amiga me disse que seu gerente era o maior fofoqueiro da empresa. Tempos depois, vi esse problema de perto. Um dos nove diretores de escola com quem trabalhei era o maior fofoqueiro numa equipe de cento e cinqüenta colaboradores. Isso deixava algumas pessoas chocadas e outras magoadas. Fazia com que muita gente se sentisse agredida, provocava uma série de atritos entre os integrantes da equipe, abalava o moral e levava excelentes professores a pedir demissão. Todos sofreram com aquilo.

A questão mais importante é a seguinte: a fofoca no local de trabalho pode ser eliminada ou substancialmente reduzida? A resposta é sim, e muitas empresas já provaram isso. É possível criar uma atmosfera criativa de trabalho na qual os empregados não sintam necessidade de reclamar nem de fofocar simplesmente porque têm coisas melhores, mais produtivas e mais prazerosas para fazer. Quando as pessoas se sentem valorizadas e reconhecidas por seu trabalho e se consideram parte de uma equipe que tem um objetivo comum, sua energia e sua conversa refletem tudo isso.

Existem muitos exemplos de empresas, grandes e pequenas, que criaram ambientes "livres de fofoca" para seus funcionários. Uma delas é uma companhia de porte médio e de alta tecnologia, fundada por um amigo meu no Vale do Silício, em Santa Clara, na Califórnia. Durante os anos em que dei aulas de comportamento organizacional para adultos, procurei aproveitar ao máximo as experiências que ele estava vivendo. Uma das coisas bastante simples que meu amigo e seus sócios fizeram foi definir de imediato uma cultura empresarial que, de todas as maneiras possíveis, seguisse o princípio da situação em que todos ganham. Isso foi comunicado da forma mais clara possível aos funcionários. Solicitou-se a eles que fornecessem contribuições para ajudar a criar essa atmosfera.

Duas das sugestões apresentadas pelos colaboradores vêm exercendo uma influência profundamente positiva sobre a filosofia da empresa há muitos anos. Uma delas se chama Troca de Boas Notícias e a outra recebeu o nome de Fofoca do Bem. Ambas foram apresentadas durante um encontro aberto depois que os dirigentes perguntaram aos funcionários: "Em que tipo de cultura empresarial vocês gostariam de trabalhar?" Troca de Boas Notícias corresponde a falar do que está dando certo na empresa e do que existe de bom na vida dos seus profissionais. A Fofoca do Bem recomenda que as pessoas façam comentários positivos umas sobre as outras sempre que tiverem uma oportunidade. Ao mesmo tempo, os fundadores da companhia abriram um canal para expressar preocupações, lidar com os problemas à medida que eles vão surgindo e aceitar sugestões dos colaboradores. Essas estratégias simples resistiram à prova do tempo – a empresa continua a prosperar e a ser considerada "um ótimo lugar para se trabalhar".

Fazendo aflorar o que há de melhor nas pessoas: o que dizem os especialistas

Gerenciar pessoas é tanto uma arte quanto uma ciência e, felizmente, existe um farto material de boa qualidade disponível a qualquer um que se proponha a ser um verdadeiro líder. Há livros, fitas e seminários oferecidos pelos maiores especialistas no assunto, como Kenneth Blanchard, Stephen R. Covey, Spencer Johnson, Tom Peters, Warren G. Bennis e Bob Nelson, entre muitos outros. Não tenho a intenção de acrescentar algo às pesquisas e descobertas dessas pessoas, mas talvez seja útil tentar resumir e sintetizar suas conclusões. Elas são incrivelmente semelhantes àquilo que meus alunos adultos me falavam a cada ano sobre sua experiência no trabalho.

Há três medidas que líderes de sucesso adotam regularmente e que têm um efeito positivo tanto em relação ao moral quanto à produção:

1. Eles deixam claro quanto valorizam os funcionários

Freqüentemente, os colaboradores têm a sensação de que estão sendo ignorados e de que o gerente nem sequer sabe seus nomes. Existem diversos recursos simples que os bons supervisores podem adotar para lidar com esse problema. Um deles foi sugerido há alguns anos por Tom Peters e Robert Waterman em *Vencendo a crise*. Eles o chamam de "gerenciar dando umas voltas" e mostraram que é um método tão eficiente quanto simples. Depois de ler o livro, muitos líderes empresariais começaram a fazer questão de passar mais tempo fora da sala e circular pela empresa, falando com os colaboradores, aprendendo seus nomes, dirigindo-lhes perguntas, colhendo sugestões e deixando-os perceber que estão sendo valorizados. Uma vez que nossa necessidade mais básica, tanto no trabalho quanto fora dele, é sabermos que temos importância, essa pequena dose de contato humano, quando promovida regularmente, pode ser de grande ajuda para melhorar o moral e a produção.

2. Eles reconhecem e elogiam os colaboradores

Muitos supervisores cometem os mesmos erros que pais e professores: emitem mais observações sobre o que as pessoas fazem de errado do que sobre suas atitudes corretas. O comportamento que mais for reconhecido passará a ser aquele que mais se repetirá. Há mais de sessenta anos, Dale Carnegie aconselhou: "Dê à outra pessoa uma boa reputação para que ela viva de acordo com isso." Ressalte o que seus colaboradores executam bem e verá que eles farão isso novamente.

No livro *O líder em você*, Stuart Levine e Michael Crom resumem da seguinte maneira a força do reconhecimento positivo no mundo do trabalho:

> *Todas as pessoas, do presidente da empresa mais bem-sucedida até o balconista que recebe as garrafas de volta no supermercado, desejam ouvir que estão fazendo um excelente trabalho, que são inteligentes e capazes e que seus esforços são reconhecidos. Um pouco de reconhecimento – uma manifestação de estímulo no momento certo – muitas vezes é a única coisa que falta para transformar um bom colaborador num excelente colaborador.*

Pesquisas têm mostrado repetidamente que a maior parte dos profissionais, a despeito da posição que ocupam na linha de produção, posiciona o reconhecimento por um serviço bem-feito entre suas maiores necessidades. Bob Nelson, que já escreveu livros sobre como recompensar funcionários e treina gerentes em todo o mundo, põe esse tópico no topo da lista de fatores que motivam o trabalho. Ele o descreve assim: "A aprovação plena de um trabalho bem realizado expressa diretamente pelos gerentes em público ou pessoalmente." Ele sugere que "todo líder deve transformar num hábito diário o gesto de manifestar seu reconhecimento a todos os que estejam tendo um ótimo desempenho".

3. Eles ajudam no progresso dos colaboradores

Bons gerentes são também bons professores e bons técnicos de equipes esportivas. Quando realmente precisam corrigir alguém, tomam essa atitude com gentileza, reservadamente e não em público, sempre de forma construtiva. Em vez de se concentrarem no que está sendo feito de errado, eles ajudam os colaboradores a descobrir maneiras de melhorar seu desempenho. Ao mesmo tempo, manifestam a confiança que têm neles. É muito proveitoso quando os gerentes transmitem aos outros as duras lições que aprenderam com os próprios erros enquanto subiam os degraus dentro da empresa. Os melhores supervisores são aqueles que têm sempre as palavras certas de apoio e estímulo, mesmo nas situações mais difíceis.

> *O processo de crítica deve começar com um elogio e o reconhecimento sincero do que a pessoa fez de bom.*
>
> – Dale Carnegie

A REAÇÃO "VAI EM FRENTE!"

Elogie imediatamente as pessoas.

Seja específico em relação ao que elas executaram da maneira certa ou quase certa.

Compartilhe seus sentimentos positivos sobre o que elas fizeram.

Estimule-as para que se mantenham à altura do bom trabalho que realizaram.

Extraído de *Vai em frente!*, de Ken Blanchard, Thad Lacinak, Chuck Tompkins e Jim Ballard

Capítulo 14

As palavras de encorajamento aprimoram o desempenho nos esportes e os tornam mais divertidos

Você tem espírito esportivo?

Comemore as boas jogadas feitas pelos dois times.
Não fale palavrões nem provoque os adversários.
Não grite com os companheiros quando eles cometerem erros.
Felicite seus adversários e seus colegas de equipe.
Divirta-se!

– Mickey Rathbun

Sobre esportes e conversas sobre esportes

Os esportes têm ocupado um lugar de destaque nas mais diferentes culturas desde épocas remotas. São um dos tópicos que tomam uma boa parte do tempo das pessoas e que mais motivam conversas. Em alguns países, por vezes se realizam três ou quatro competições esportivas ao mesmo tempo. Além disso, os jornais, as revistas, o rádio e os programas de televisão mantêm espaços e programas inteiramente dedicados a esse assunto.

Ainda que muitas pessoas destinem grande parte do seu tempo a assistir a eventos esportivos e a bater papo sobre esse assunto, também se fala muito no próprio meio esportivo. E é disso que trata este capítulo. Essa conversa parte basicamente dos técnicos, dos atletas e de seus pais. E ela pode apresentar um poder tão grande – para o bem e para o mal – quanto aquele das palavras pronunciadas em qualquer outro lugar ou situação. Meus comentários aqui têm a ver com todos os níveis de esporte, das atividades que são praticadas por crianças, jovens e profissionais até aquelas que os adultos desenvolvem por mera recreação.

As palavras dos pais nos eventos esportivos dos jovens

A certa altura durante uma partida de futebol, o técnico chamou de lado um de seus jogadores de sete anos de idade e lhe perguntou: "Você se lembra de quando falamos sobre como era importante ter espírito esportivo?" O menino respondeu que sim. "Então – continuou o técnico – tenho certeza de que você sabe que, quando uma falta é marcada, nós nunca devemos discutir, reclamar nem gritar com o juiz e chamá-lo de cabeça-de-bagre." O garoto fez um gesto afirmativo com a cabeça. O técnico prosseguiu: "E, quando eu tiro você de uma partida para que um colega seu tenha a oportunidade de jogar, me chamar de 'imbecil' não é nenhuma demonstração de espírito esportivo, certo?" Novamente, o menino concordou. "Ótimo", disse o técnico. "Agora vá lá e explique tudo isso para sua mãe."

Não, as mães que freqüentam as quadras e os estádios não costumam falar assim, mas essa história passa um recado fundamental: a linguagem que os pais usam desempenha um papel mais importante nos eventos esportivos do que eles imaginam. Sempre vemos exemplos bizarros do comportamento de pais que xingam e ameaçam (e até agridem) treinadores e árbitros, além de insultarem jogadores das equipes adversárias e às vezes os próprios filhos. Felizmente, a atitude dessas pessoas não é representativa da postura da maioria dos pais que acompanha os filhos em eventos esportivos. No entanto, esse tipo de procedimento constitui um problema.

Os psicólogos especializados nessa área contribuíram bastante para a diminuição do número de agressões verbais praticadas por jovens durante as competições esportivas. Nos últimos tempos, foram realizados muitos estudos sobre essa questão, e as conclusões têm sido divulgadas em revistas e na internet. Há empresas que chegam a incorporar essas descobertas à sua filosofia, à sua missão e às suas metas. Por exemplo, nos Estados Unidos, muitas das ligas juvenis que promovem campeonatos de futebol e de futebol americano agora exigem que, no começo de cada temporada, pais, técnicos e jogadores assinem um pacto sobre linguagem e comportamento positivos. Os resultados têm sido incríveis. Portanto, basta dar às pessoas um lembrete e um compromisso em torno do "espírito esportivo".

Os técnicos são professores

Todos os técnicos, em qualquer nível de competição, exercem o papel de professores – tenham eles consciência disso ou não. Sua principal responsabilidade é transmitir conhecimentos, desenvolver as habilidades dos atletas e obter o melhor da parte deles, isto é, fazer com que atinjam um desempenho do mais alto nível. Essas atribuições não diferem nem um pouco daquelas assumidas por um professor, seja numa escola primária, seja numa universidade. O instrumento fundamental para alcançar esses objetivos é a linguagem. A escolha das palavras e o modo como elas são pronunciadas são essenciais tanto para os atletas quanto para os estudantes.

Quando os esportes começaram a se desenvolver no meu país, muitos técnicos não viam a si mesmos como professores. Eles gostavam mais de se comparar com generais liderando tropas rumo à batalha. Foi desse comportamento que se originou o estilo militar de treinamento com gritos no rosto dos atletas, palavrões e insultos. Desgraçadamente ainda existe, em todas as modalidades esportivas, um número significativo de treinadores que adotam esse método. A boa notícia, porém, é que a profissão de técnico passou por enormes progressos nos últimos anos.

Uma história de dois técnicos

Tive a sorte de freqüentar a Universidade de São Francisco graças a uma bolsa associada à minha participação no time de basquete. Quando comecei a estudar lá, a universidade já havia conquistado dois campeonatos nacionais seguidos, de modo que era reconhecida na época como uma força nesse esporte. Jogando naquela equipe, tive experiências boas e ruins, cada uma delas determinada pelo tipo de treinamento que recebia.

Meu técnico nos primeiros dois anos foi Ross Giudice, um jogador veterano, cuja equipe disputara um campeonato nacional no começo dos anos 1950. Ele era uma pessoa amável, gentil e positiva, dentro e fora da quadra, e sua influência, como técnico e como professor, continua presente até hoje no meu comportamento. Se já houve um treinador que sabia extrair o máximo dos jogadores, esse foi Ross. Ele fazia isso destacando nossos pontos fortes e nos incentivando a dar o melhor que podíamos em todas as circunstâncias. E tinha um jeito todo especial de nos deixar saber que acreditava em nós.

Eu era, na melhor das hipóteses, um atleta de qualidade média. Não possuía os recursos físicos necessários, como rapidez e capacidade de saltar e conquistar uma situação favorável para o time já no início da partida, mas apresentava, sim, algumas habilidades que podiam ajudar a equipe. Tinha garra, sempre abria caminho com toda a energia e meus arremessos eram precisos. Ross não deixava que eu me esquecesse dessas qualidades e me lembrava de que eu era um integrante precioso para a equipe e me escalava para todos os jogos, sempre com palavras de confiança e incentivo. Ele me ajudava a superar os erros, aplaudia meus sucessos e, no fim de cada partida, tivéssemos sido vitoriosos ou não, nunca deixava de dizer algo positivo sobre nossos esforços.

Para mim o mais importante na época era saber que meu técnico tinha confiança em mim e sabia valorizar minha contribuição para o time. Os momentos em que Ross me incentivava dessa forma repercutiam imediatamente tanto nos treinos quanto nos jogos. Sempre quis que minha atuação correspondesse à sua expectativa. Ele era um técnico positivo e estimulante que nunca xingava e só gritava quando queria chamar nossa atenção. Muitos anos mais tarde, quando trabalhei como técnico numa escola, adotei a postura de Ross como modelo. Minhas técnicas de treinamento não eram tão boas quanto as dele, porém meus jogadores sempre eram tratados com respeito e admiração.

Os dois últimos anos em que joguei basquete na universidade foram exatamente o oposto dos dois primeiros. Depois que Ross deixou o cargo de treinador para se dedicar aos negócios em tempo integral, a universidade contratou um substituto logo após o fim da temporada. O novo técnico deu uma entrevista à imprensa e disse maravilhas sobre a universidade, sobre seu programa dedicado ao basquete, sobre os atletas e sobre os treinadores que o haviam antecedido. Depois, fez questão de falar com todos nós em grupo e individualmente. Ele me disse ter ouvido ótimos comentários a meu respeito. Sabia que eu seguiria dando uma contribuição ao time e afirmou que esperava ter um relacionamento muito bom comigo. E essas foram as últimas palavras positivas que ouvi da sua boca.

Quando a temporada começou no ano seguinte, descobrimos imediatamente que as coisas seriam diferentes. Os instrumentos básicos de comunicação do novo técnico com os jogadores eram berros, palavrões, sentimentos negativos, críticas grosseiras, insultos, tiradas sarcásticas, ameaças e humilhação na frente dos colegas. Ele não falava assim com todos os integrantes da equipe. Algumas poucas estrelas do time escapavam da sua ira, de modo que ele descarregava suas frustrações nos demais atletas. E considerava alguns de nós alvos melhores do que outros. Se percebesse que alguém apresentava uma sensibilidade maior a esse tipo de tratamento, ele pegava ainda mais pesado.

Certa vez, ele me pôs na quadra com as seguintes palavras de encorajamento: “Vê se não ferra com tudo!” Eu entrei no jogo, levei um drible, pisei fora da linha da quadra e fui substituído imediatamente. Devo ter batido um novo recorde na Liga de Basquete das Universidades Americanas: a entrada-saída de quadra mais rápida da história – menos de três segundos. E o que ouvi quando voltei para o banco? Com toda a força dos seus pulmões e com todas as gotas de saliva a que tinha direito, ele gritou: "Eu lhe disse pra não ferrar com tudo!"

Poucas semanas depois, estávamos disputando outra partida. Um jogador do time adversário passou por mim com um ótimo drible e conseguiu fazer uma cesta com facilidade. O momento não podia ter sido pior. Aconteceu pouco antes do fim do primeiro tempo. O técnico começou sua preleção do intervalo com estas palavras inesquecíveis, pronunciadas na frente dos meus colegas: "Urban, você na defesa tem que melhorar muito para chegar a ser uma m...!" Desconfio de que ele queria dizer que meu desempenho não era lá grande coisa.

Em outra ocasião, logo após um jogo, esse técnico foi falar comigo na frente dos meus colegas. Ainda que eu arremessasse muito bem de longe e tivesse uma ótima porcentagem de acertos nas minhas tentativas, havia perdido uma importante oportunidade no final de uma partida e fomos derrotados. Como aconteceria com qualquer atleta, eu estava arrasado. Justamente nessa hora, teria sido bom ouvir do treinador uma palavra de apoio. No entanto, na conversa do vestiário, assim que o jogo terminou, ele me disse: "Tudo o que eu queria de você era uma p... de um arremesso de longa distância. Você não consegue me dar nem isso? Você é patético." Houve muitos outros incidentes desse tipo comigo e com outros jogadores, muito piores do que esses que descrevi aqui.

Dois técnicos, dois estilos diferentes de comunicação com os atletas. Qual dos dois obteve o melhor da equipe? Qual deles deu o melhor exemplo? Qual dos dois foi o melhor professor? Qual deles deixou melhores lembranças? Qual dos dois forneceu um modelo?

As palavras, os esportes e as mulheres

O número de mulheres – adultas e jovens – que pratica esportes – na escola, na universidade, seja como profissionais, seja por simples diversão – é atualmente cerca de cem vezes maior do que o registrado há apenas trinta anos. Além disso, há mais modalidades mistas do que nunca, especialmente como forma de recreação, e nisso se incluem o tênis, o vôlei de praia e a corrida. Será que a linguagem usada por atletas e técnicos nos esportes femininos e mistos é diferente daquela adotada nas atividades esportivas das quais só participam homens? Sim. Será que os atletas e técnicos do sexo masculino têm algo a aprender com as esportistas femininas sobre a importância da linguagem? Sim.

Tenho plena consciência de que alguns atletas e técnicos machistas vão debochar dessa idéia, mas a verdade é que as palavras que ouvimos entre as atletas e treinadoras são mais limpas, menos críticas e mais encorajadoras. Isso não quer dizer que elas sejam menos competitivas nem que uma técnica não vá se zangar e gritar de vez em quando. Contudo, isso mostra que as mulheres tendem a usar uma linguagem que cria uma atmosfera de mais solidariedade, mais apoio e mais estímulo. Em geral, elas escolhem as palavras com um cuidado maior.

Um dos meus amigos tem grande experiência como técnico tanto de meninos quanto de meninas em escolas do ensino médio. Ele diz que as garotas fizeram com que ele se tornasse um treinador melhor para atletas de ambos os sexos. A princípio preocupado em não magoar as meninas, ele aprendeu a usar uma linguagem mais construtiva e a passar as instruções num tom mais gentil. Assim, descobriu que essa mesma técnica aumentava a eficiência do seu trabalho com os garotos. Ele também constatou que, de modo geral, as meninas costumam ser melhores companheiras de equipe do que os meninos. Elas tendem a não criticar tanto as colegas e mostram maior disposição para estimulá-las e reconhecer suas boas jogadas. Meu amigo sentiu que a atmosfera e a química entre os garotos dos seus times melhoraram sensivelmente depois que ele ensinou-lhes algo sobre a importância das palavras que trocavam entre si.

Outros técnicos com quem falei disseram ter chegado essencialmente às mesmas conclusões. Técnicos e atletas do sexo masculino mostram uma tendência maior a se agredir verbalmente no calor da disputa e têm dificuldade em deixar para trás os ressentimentos no fim do jogo. A maior parte das atletas não faz isso porque costuma dar mais importância à dinâmica social da equipe esportiva. Elas buscam relacionamentos mais próximos e, por isso, evitam dizer algo que possa ser tomado como ofensa. O técnico de um time de vôlei feminino de projeção nacional nos Estados Unidos afirmou que esse é um dos aspectos mais prazerosos do seu trabalho. As palavras positivas empregadas por suas jogadoras também lhe ensinaram a ser um técnico melhor. Juntos, ele e as atletas criam uma atmosfera que estimula o ensino, o aprendizado e o espírito de competição e de grupo.

Esses mesmos princípios se aplicam aos esportes mistos, especialmente no nível adulto. Minha mulher é o que se costuma chamar de fanática por tênis. Cathy adora esse esporte e o pratica sempre que tem oportunidade tanto com mulheres quanto em partidas de duplas mistas. Perguntei-lhe se os homens e as mulheres falam de forma diferente enquanto jogam. A resposta não me surpreendeu. Em geral, os homens costumam corrigir os parceiros depois que estes erram. Ela disse: "Quando cometo um erro, estou consciente da minha falha. Não preciso que alguém me diga isso. Na verdade, o que eu *preciso* é de um parceiro que me estimule um pouco." Em qualquer esporte, em qualquer nível de idade, independentemente do sexo do atleta, é assim que os bons companheiros de equipe agem. Eles incentivam uns aos outros.

Palavras sábias de um técnico lendário

Acredito que John Wooden, que foi um fantástico treinador do time de basquete da Universidade da Califórnia, obteria o maior número de indicações como a pessoa mais respeitada na história de todos os esportes nos Estados Unidos. Não pelo fato de figurar no Salão da Fama como jogador e como técnico nem por ter vencido dez campeonatos nacionais, e sim por tudo aquilo que conquistou para o mundo dos esportes: sabedoria, princípios e bom caráter.

No livro *Wooden: A Lifetime of Observations and Reflections On and Off the Court* (Wooden: uma vida de observações e reflexões dentro e fora da quadra), escrito com Steve Jamison, ele faz importantes considerações a respeito da importância das palavras no esporte. Veja algumas delas:

- Controle seu temperamento e não use palavras grosseiras.
- Liderança é a capacidade de levar os indivíduos a trabalhar pelo bem comum para obter os melhores resultados possíveis e, ao mesmo tempo, fazer com que eles percebam que conseguiram isso graças aos seus próprios méritos.
- Sinto que críticas duras feitas em público deixam as pessoas constrangidas, fazem com que elas alimentem uma animosidade contra quem as emitiu e dificulta a absorção da mensagem. Trata-se de uma atitude contraproducente, seja numa quadra de esporte, seja num escritório.
- O hábito – tão disseminado hoje – de hostilizar, debochar e provocar o adversário é frontalmente contrário à idéia de espírito esportivo. Grosserias, gestos obscenos, insultos – tudo o que atinge o oponente dessa forma demonstra total falta de respeito.
- Os indivíduos que não estão jogando tão bem desempenham um papel relevante no desenvolvimento dos que estão apresentando uma atuação melhor. Eles são necessários e precisam ter isso em mente. Eu me esforçava para que os jogadores soubessem que eram importantes, que eram valorizados.

- Procure oportunidades para oferecer um cumprimento ou um elogio individual – e seja sempre sincero.
- Sua reação à vitória ou à derrota é uma parte importante do seu desempenho no jogo. Eu procurava fazer com que meus jogadores mostrassem classe e estilo nas duas situações: é preciso saber perder, mas também é necessário saber vencer com humildade.

Um bom técnico fará com que os jogadores vejam não o que eles são, e sim o que podem vir a ser.

– Ara Parseghian

Um bom técnico pode ser definido como alguém capaz de desenvolver o caráter, a personalidade e os hábitos dos jogadores, além de conseguir ensinar os princípios básicos do espírito esportivo e do trabalho em equipe.

– Claire Bee

Parte 4

DUAS ÚLTIMAS REFLEXÕES SOBRE O PODER DAS PALAVRAS POSITIVAS

Podemos transformar numa questão de honra para nós o fato de sermos capazes de nos expressar de forma harmoniosa, alegre, diplomática e afetuosa.

– *Sir* John Templeton

Capítulo 15

As palavras gentis tornam-se lembranças preciosas quando colocadas no papel

Bastam três minutos para escrever um bilhete,
dobrá-lo, colocá-lo num envelope e enviá-lo pelo correio,
mas a força desse gesto é impressionante.

– Wanda Loskot

Quando as palavras ficam melhor por escrito

A maior parte deste livro aborda aquilo que dizemos durante as conversas do dia-a-dia. Porém, nós também escrevemos, e, ainda que esse seja um processo mais lento do que o ato de falar, o que colocamos no papel pode exercer um impacto forte e duradouro. Observe que eu disse *no papel*. Por maior que seja a utilidade do e-mail como instrumento para certos tipos de comunicação, estou me referindo à antiga instituição do bilhete ou da carta escrita à mão.

Muitos especialistas nas áreas de negócios, comunicação, etiqueta e relações humanas vêm há anos recomendando enfaticamente o uso de anotações manuscritas. Muitos deles chamam a atenção para o fato de que hoje em dia os bilhetes gentis têm um impacto maior do que jamais tiveram. Desenvolvemos o hábito de ter notícias das pessoas instantaneamente por meio do telefone, do e-mail e do fax, de modo que uma mensagem escrita à mão acaba por se destacar. Ela mostra que alguém dedicou seu tempo, seus pensamentos e seu esforço para acrescentar um toque pessoal.

Veja a seguir o que cinco especialistas têm a dizer a respeito do poder das palavras manuscritas.

Norman Vincent Peale, autor de *O valor do pensamento positivo*, entre outros livros – “O sentido de enviarmos bilhetes manuscritos capazes de inspirar as pessoas é simplesmente animá-las, pois existe muita gente especializada em derrubar o astral dos outros."

Tom Peters, guru da área de administração e autor de um grande número de obras sobre a busca da excelência no mundo dos negócios – "Subestimamos tremendamente a força representada pelo mais ínfimo dos toques pessoais. E, de todos esses toques, o bilhete curto, manuscrito, cumprimentando alguém por um trabalho bem-feito, é o que produz o maior impacto."

Mary-Ellen Drummond, presidente da Polished Presentations International – "Expressar pessoalmente gratidão e reconhecimento pelo que alguém fez de bom recorrendo a um bilhete manuscrito pode fortalecer, reatar ou construir relacionamentos com muito mais rapidez do que um e-mail, por mais veloz que o correio eletrônico seja. Não me entenda mal. Adoro usar e-mail; porém, quando quero causar uma impressão significativa em alguém, acho melhor fazer isso com um bilhete pessoal ou até mesmo por meio de um cartão-postal. Isso mostra que me dei ao trabalho de pensar naquela pessoa."

Al Franken, humorista e escritor – "Pergunte a si mesmo o seguinte: não parece ao mesmo tempo mais sincero e mais digno de admiração que alguém tenha se dado ao trabalho de nos enviar um bilhete escrito à mão?"

Margaret Shepherd, autora de *The Art of the Handwritten Note* (A arte do bilhete escrito à mão) – "Um bom bilhete manuscrito na ocasião certa é uma obra de arte. Ele diz ao leitor: 'Eu me importo com você, pensei em você, me dei a esse trabalho por sua causa. É assim que eu sou. Pensei em você.'"

As palavras escritas à mão podem mudar vidas e até dar início a carreiras

Scott Adams, o criador de *Dilbert*, uma das tiras de quadrinhos de maior sucesso dos Estados Unidos, conta que duas cartas pessoais lançaram-no na carreira de cartunista e mudaram radicalmente sua vida. Há bastante tempo, ele acalentava o sonho de tornar-se um desenhista profissional de quadrinhos, mas não fazia a menor idéia de como começar. Então, certa noite, quando assistia a um programa sobre quadrinhos na PBS, a emissora educativa da televisão americana, Adams teve algumas idéias. Escreveu para o apresentador do programa, Jack Cassady, pedindo conselhos. Para sua surpresa, em poucas semanas ele recebeu de Cassady uma carta escrita à mão, com as respostas a todas as suas perguntas.

O apresentador encorajou-o a ir em frente e aconselhou-o a não desistir caso, no início, seu material não fosse aceito. Adams animou-se e submeteu seus trabalhos a duas revistas de projeção nacional. Foi rapidamente rejeitado por ambas por meio de uma carta-padrão. Esquecendo-se do conselho de Cassady, Adams deixou-se abater, pôs os desenhos de lado e decidiu abandonar a idéia de tentar carreira como cartunista. Cerca de quinze meses mais tarde, ele se surpreendeu ao receber uma nova carta de Cassady, especialmente porque nem tinha se dado ao trabalho de agradecer pelos conselhos que recebera.

Na segunda carta, Cassady escreveu: "Estou lhe enviando esta mensagem para, mais uma vez, encorajá-lo a submeter suas idéias a várias publicações. Espero que já tenha feito isso e esteja faturando um pouco e também se divertindo. Às vezes, é difícil receber incentivo nesse estranho ramo do humor gráfico. É por esse motivo que estou lhe escrevendo: para que você não desista e continue desenhando." Adams conta que ficou "profundamente comovido" com esse gesto, sobretudo porque Cassady não tinha nada a ganhar enviando as duas cartas. Mais uma vez, aquele estímulo o fez retomar suas tentativas. Nessa nova investida, porém, Adams foi persistente e acertou em cheio. Ele conta: "Não teria tentado ingressar na carreira de cartunista novamente se não fosse pela segunda carta de Jack."

À medida que o fenômeno *Dilbert* crescia, Adams foi percebendo a enorme dimensão daqueles dois simples atos de gentileza que tomaram a forma de mensagens escritas à mão. Dessa vez, é claro, ele agradeceu a Cassady, mas sentiu que "havia recebido um presente que não tinha condições de retribuir" e acrescentou: "Com o tempo, consegui entender que algumas coisas que recebemos não são para serem retribuídas, e sim passadas adiante. Todos nós conhecemos alguém que se beneficiaria muito de uma palavra amável. Estou encorajando você a fazer isso. Para obter um efeito ainda maior, faça isso por escrito. E por alguém de quem não tenha nada a ganhar."

As dez melhores ocasiões para se enviar uma mensagem escrita à mão

Ainda que seja imenso o número de motivos pelos quais podemos escrever um bilhete ou uma carta pessoal, temos a seguir algumas das ocasiões nas quais as pessoas costumam apreciar esse gesto. Não se esqueça de que estou sugerindo uma mensagem manuscrita pessoal apropriada para cada caso, e não um cartão padronizado com palavras de outras pessoas.

1. **Bilhetes de agradecimento.** Nunca houve nem haverá um substituto para a velha e boa mensagem manuscrita de agradecimento pessoal. Nada expressa melhor a gratidão do que um recado que venha realmente do coração.
2. **Manifestações de solidariedade.** Para alguém que sofreu uma perda, receber um bilhete pessoal é um dos gestos mais reconfortantes. Esses são os mais difíceis de escrever, no entanto a sinceridade sempre transparece e é muito apreciada.
3. **Mensagens "Eu me lembrei de você".** Receber uma dessas mensagens está entre as grandes alegrias da vida. Elas surgem de repente, quando menos esperamos, e nos lembram de que temos bons amigos que literalmente pensam em nós mesmo quando não mantemos um contato freqüente.

4. **Felicitações.** Todos nós gostamos de ser reconhecidos pelo que realizamos de bom, não importa o que tenha sido – a conquista de um diploma, de um emprego, de uma promoção ou o nascimento de um filho, a compra de uma casa ou qualquer outro marco importante da vida. Em situações assim, sempre nos sentimos melhor quando alguém nos parabeniza por escrito.
5. **Carta de desculpas.** Todos nós já fomos magoados ou tratados injustamente por alguém, assim como todos nós já ferimos os sentimentos de outras pessoas. Uma boa maneira de dar início ao processo de cura é uma sincera carta de desculpas. Em geral, ela acaba conduzindo à cicatrização das feridas.
6. **Bilhetes no local de trabalho.** O ex-presidente da Ford, Donald Peterson, era conhecido pelo hábito de, quase todos os dias, enviar aos colaboradores bilhetes de tom positivo e escritos à mão. Ele disse: "Os dez minutos mais importantes do dia são aqueles que gastamos fazendo algo para levantar o ânimo dos que trabalham conosco."
7. **Desejar sorte a alguém.** Todos nós passamos por mudanças na vida que às vezes se transformam em momentos decisivos, como a mudança de casa, a troca de emprego ou uma viagem. Nesses momentos, palavras gentis e encorajadoras de um amigo escritas à mão sempre dão mais sentido à experiência.
8. **Resolver conflitos.** Muitos dos conflitos pessoais nunca são solucionados porque nenhuma das duas pessoas quer dar o primeiro passo ou não sabe como fazer isso. Uma excelente forma de resolver impasses desse tipo é escrever um bilhete curto e simples, convidando a outra pessoa a unir-se a nós na busca de uma solução.
9. **Apoio nas horas difíceis.** Além da perda de entes queridos, enfrentamos uma série de acontecimentos complicados na vida. Nessas ocasiões, é um grande consolo recebermos um

bilhete de alguém que passou por uma situação parecida e que se dá ao trabalho de escrever uma mensagem de apoio.

10. **Mensagens de amor e amizade.** É sempre agradável recebermos um cartão ou um bilhete em ocasiões especiais, como aniversários e festas. Mas é melhor ainda sermos surpreendidos com uma correspondência desse tipo sem nenhum motivo especial. Essas mensagens que dizem simplesmente "Prezo muito sua amizade" ou "Eu te amo" são tão agradáveis de escrever quanto de receber.

Quatro qualidades de um bom bilhete pessoal

O escritor Fred Bauer, que por muitos anos teve Norman Vincent Peale como supervisor e mentor, publicou há alguns anos um ótimo artigo na revista *Reader's Digest* intitulado "A força de um bilhete". Peale e muitas outras pessoas conhecidas haviam incluído na sua rotina diária o hábito de escrever mensagens pessoais, um gesto que acrescentou um toque especial de incentivo a milhares de vidas. Bauer diz que, para serem eficientes, os bilhetes pessoais desse tipo devem ser sempre:

1. **Sinceros.** Conversa fiada não alimenta a auto-estima de ninguém.
2. **Curtos.** Se não somos capazes de transmitir a mensagem em três frases, é porque provavelmente estamos forçando a barra.
3. **Específicos.** Elogiar um colega de trabalho dizendo simplesmente "Boa observação da sua parte" é uma coisa; outra bem diferente é afirmar: "Foi maravilhosa aquela colocação que você fez sobre a estratégia de investimentos para este ano."
4. **Espontâneos.** É isso o que lhes dá o ar de novidade e o entusiasmo que permanecerão na mente da pessoa muito tempo depois de ela ter lido a mensagem.

Quando bilhetes pessoais se tornam bens preciosos

O principal motivo que leva tantas pessoas a guardar fotografias é o fato de elas desejarem preservar lembranças de momentos e pessoas especiais. O mesmo princípio vale para mensagens manuscritas de caráter pessoal. Muitas delas nos comovem a tal ponto que nunca chegam a ser esquecidas. E também costumam ser preservadas. Quando são lidas um ano ou muitos anos mais tarde, continuam a levantar nosso ânimo e a evocar recordações maravilhosas. Bilhetes de filhos e netos estão entre os mais preciosos, no entanto existe uma grande diversidade de mensagens pessoais que também merece um lugar no nosso coração.

Como professor, fiquei surpreso ao ver quanto pais e alunos valorizavam pequenos bilhetes contendo mensagens elogiosas sobre determinado desempenho ou atitude no ambiente escolar. A escola do nosso bairro imprimia todo ano milhares de "advertências" que eram enviadas aos pais, registrando notas ruins, faltas ou mau comportamento dos seus filhos. Não é de espantar que os estudantes reclamassem de que a única vez em que a escola mandava alguma coisa para sua casa era para dizer aos pais que eles tinham um "mau aluno".

Assim, descobri que a escola do nosso bairro tinha o "bilhete do mau aluno", mas não o do "bom aluno". O problema foi facilmente resolvido. Pedi a um colega da nossa equipe, mais familiarizado com computadores, que criasse bilhetes para bons alunos com as cores da escola. Vinte minutos depois, eu tinha centenas deles. Como geralmente dava aula para cento e setenta estudantes e a maior parte deles fazia algo de bom todos os dias, percebi que precisaria de um número ainda maior daquele material. Era muito divertido escrever as mensagens porque sabia que elas resultariam numa situação positiva para todas as pessoas envolvidas: o aluno, os pais e o professor. Mesmo assim, subestimei muito o impacto que esses pequeninos registros poderiam causar.

Poucos dias após ter enviado os primeiros bilhetes, recebi um telefonema da mãe de um dos meus alunos da última série. Ela estava literalmente soluçando, e suas palavras ficarão para sempre na minha memória: "Caro Sr. Urban, o senhor não faz idéia de quanto isso nos deixou felizes. Curtis está nessa escola há quatro anos e, nesse tempo, recebeu muitas advertências. Esta foi a primeira vez que nos enviaram palavras positivas sobre ele. Vamos guardar este bilhete com todo o carinho porque alguém, finalmente, viu algo de bom no nosso filho." Eu não achava que tivesse feito nada de heróico, porém essa mãe e seu filho acreditavam que sim. Curtis me agradeceu pessoalmente na escola no dia seguinte e, enquanto fazia isso, ficou tão comovido que chorou. Essas reações me prepararam para o que estava por vir. Ainda que nem todos os meus alunos tenham manifestado uma reação, um grande número deles ou me ligou ou me enviou mensagens escritas de volta. Além disso, quase todas as crianças me agradeceram pessoalmente. É possível que todas essas mensagens positivas tenham sido guardadas – e algumas até emolduradas.

Meu próprio acervo de bilhetes pessoais inclui mensagens dos meus três filhos, da minha mãe, da minha mulher, de colegas de trabalho, de pais e alunos e de pessoas que me escreveram após terem lido meu primeiro livro. Uma das que mais me tocaram em toda a minha vida foi a que recebi de Crystal, uma aluna do último ano de psicologia no final dos anos 1990. Ela era o sonho de qualquer professor: educada, responsável, curiosa, inteligente, esforçada e gentil. Fiquei chocado quando soube que essa garota estava vivendo numa espécie de república porque nem a mãe nem o pai – que eram divorciados – queriam que ela morasse com eles. Como é que alguém, especialmente os pais, poderia não adorar aquela jovem? Ela era uma estudante especial, que se tornou uma amiga muito querida de toda a minha família. Crystal foi uma verdadeira bênção na minha vida.

No último dia do semestre, ela escreveu algo que tocou fundo meu coração e permanece lá até hoje. Crystal foi a última a entregar a prova final – e continuou a escrever mesmo depois de o sinal ter tocado. Por fim, me entregou o teste e me deu um abraço, dizendo que voltaria para me ver no semestre seguinte, embora não fosse mais estar na minha sala. Só esse comentário foi suficiente para me deixar extremamente feliz. Algumas horas mais tarde, quando fui corrigir sua prova, compreendi que ela havia precisado de tempo extra para me escrever uma carta, que acrescentara no fim da prova. A carta inteira era maravilhosa, no entanto foram as duas últimas frases que me emocionaram de modo profundo – de um jeito que nunca pensei que palavras escritas fossem capazes de fazer. Ela escreveu: "Chegamos ao mundo sem poder escolher nossos pais. Mas, se pudéssemos, eu o escolheria como meu pai." Como você pode imaginar, meus olhos ficam cheios d'água só de escrever sobre isso agora. Mark Twain disse certa vez que era capaz de viver por dois meses sustentado por apenas um elogio. Esse que recebi de Crystal permanecerá por toda a minha vida.

Compartilho essa história não para posar de herói, e sim para lhe oferecer uma experiência real que mostra a força que as palavras certas podem ter. Todos nós possuímos o poder de desempenhar o papel de Crystal na vida de alguém se nos dermos ao trabalho de escrever uma mensagem expressando nosso amor ou nossa admiração.

Num mundo muitas vezes frio e distante, mensagens capazes de levantar o ânimo são como fontes de calor e conforto. Todos nós, de tempos em tempos, precisamos de estímulo, e já se viu que algumas poucas linhas de elogios podem transformar um dia – e até mesmo uma vida.

– Fred Bauer

Um bilhete escrito à mão é como um jantar à luz de velas em vez de um jantar sob luzes comuns, é como fazer um presente em vez de comprar algo pronto, é como caminhar em vez de andar de carro. Mensagens manuscritas acrescentarão muito à sua vida. Você pode usar o telefone e a internet para os contatos de rotina. Mas, para transmitir as palavras realmente importantes, demonstrará mais cortesia, mais classe, mais consideração e civilidade se optar pela caneta.

– Margaret Shepherd

Capítulo 16

As palavras positivas dão mais alegria... mas só para os vivos

Não guarde suas palavras carinhosas
para a hora em que seus amigos morrerem.
Por que não as pronuncia agora em vez de
deixar para escrevê-las nos seus túmulos?

– Anna Cummins

Não espere até que as pessoas morram para expressar seus sentimentos

Um dos maiores arrependimentos da minha vida tem a ver com algo que eu *não disse*, mas que deveria ter dito. A pessoa que deixou de receber essas palavras foi o Dr. David Kirk, um dos meus professores de inglês na Universidade de São Francisco. Deveria ter-lhe dito que ele era um professor fantástico e uma pessoa maravilhosa. Também deveria ter acrescentado que tudo o que ele me ensinou sobre escrever e sobre o ofício de professor teve um impacto profundo e duradouro na minha vida. Dizem que a influência exercida por um bom professor permanece para sempre. O Dr. Kirk foi a prova viva disso.

Penso nele sempre que me sento para escrever. Também ponho em prática as técnicas simples, porém incrivelmente eficazes que aprendi com ele. Sinto sua influência não apenas quando estou escrevendo um livro, mas toda vez que redijo um artigo, uma carta ou um e-mail. Na realidade, senti sua influência ao longo de toda a minha carreira de professor. Ele tinha verdadeira paixão por sua profissão, era um grande contador de histórias e, quando precisava fazer uma crítica, sempre a tecia de maneira gentil e construtiva.

Era um perfeito modelo para quem pretendesse se tornar professor ou escritor.

Durante os anos em que fui estudante universitário, e também desde aquela época, elogiei o Dr. Kirk centenas de vezes. Só há um problema: esses comentários positivos nunca foram feitos diretamente a ele. Embora fossem sempre *sobre ele*, eram ditos a outros indivíduos. Esse é um erro que quase todos nós cometemos. Gostamos de uma pessoa, a admiramos ou lhe somos gratos, contudo acabamos dizendo isso a alguém diferente, e não a ela. Por que fazemos isso? Porque é mais seguro. Ninguém nos ensinou a dizer às pessoas quanto gostamos delas. Então, acabamos falando isso para outros.

Quando fiquei sabendo que o Dr. Kirk tinha morrido, fui acometido por uma dupla dose de tristeza. Primeiro, por sua partida. Depois, porque nunca cheguei a lhe dizer quanto ele havia contribuído para minha vida. Ainda que eu lamente esse fato até hoje, aprendi uma grande lição com esse episódio sobre o pecado da omissão. Jurei desde então que, se alguém proporcionasse uma contribuição positiva à minha vida, faria questão de que essa pessoa ficasse sabendo disso por mim, e não por terceiros.

Compartilho essa história porque conheço muita gente que, assim como eu, se omitiu. Convido-o a dar uma boa olhada à sua volta. Com certeza, encontrará um bom número de pessoas que contribui para melhorar a qualidade da sua vida. Diga-lhes isso. A maior parte delas precisa ouvir essa informação de tempos em tempos. Desse modo, você fará com que ambos se sintam felizes: a outra pessoa e você mesmo. E, quanto mais agir assim, mais fácil será repetir esse gesto. É uma proposta realmente benéfica para todos.

> *A maior fraqueza da maioria das pessoas é a hesitação que elas demonstram em dizer aos outros quanto os amam enquanto eles ainda estão vivos.*
>
> – O. A. Battista

A lição do funeral

A melhor lição de toda a minha carreira de professor ocorreu há mais de trinta anos, quando eu tentava ensinar meus alunos do ensino médio a adotar uma linguagem mais afirmativa, a elevar o ânimo uns dos outros, em vez de se agredirem verbalmente. Isso sempre representou um grande desafio, mas era um esforço que valia a pena.

Na primavera de 1972 havia um grupo maravilhoso de jovens na aula de psicologia – educados, cheios de energia, motivados e divertidos. Só havia uma coisa que me incomodava a seu respeito. A exemplo de tantos adolescentes, eles pareciam sentir uma necessidade intrínseca de criticar e provocar os colegas. Muitas vezes, faziam isso em tom de brincadeira, no entanto a pessoa a quem os comentários eram dirigidos certamente não achava graça nenhuma naquilo. Essas investidas não costumavam ser maldosas, demonstravam apenas insensibilidade. Em todo caso, era comum deixarem ressentimentos.

O curso de psicologia de desenvolvimento e crescimento pessoal que eu ministrava era uma matéria eletiva, de modo que os alunos estavam ali por opção. Meu objetivo com essas aulas era favorecer a saúde mental, ajudando-os a aproveitar o próprio potencial para levarem uma vida que fosse rica e recompensadora. Queria fazer aflorar o que havia de melhor neles. As agressões verbais não condiziam nem com minhas metas nem com o tipo de atmosfera que eu estava tentando criar, de modo que precisava enfrentar o problema.

Todos os dias começávamos a aula da mesma maneira. Eu perguntava: "O que estamos celebrando hoje?" Eles podiam compartilhar boas notícias ou mencionar algo ou alguém a quem se sentissem agradecidos. Aquilo levava poucos minutos, porém produzia um grande efeito e sempre nos ajudava a dar início às tarefas com uma disposição positiva. Todos os alunos concordavam com isso e consideravam essa atividade prazerosa. Então, partilhei com eles minha preocupação com a agressividade verbal que demonstravam uns com os outros e expliquei que esse comportamento não estava de acordo com nossos objetivos. Suas respostas não me surpreenderam. Eles apresentaram argumentos como "A gente está só brincando", "É o que todos os adolescentes fazem" e "Quando dizemos essas coisas, não estamos realmente falando sério". Perguntei: "Vocês gostam de ser alvo desses comentários, mesmo quando a outra pessoa está *apenas brincando?*" Poucos afirmaram que não se importavam, entretanto a maioria concordou que esse tipo de experiência às vezes era doloroso e constrangedor. Em seguida, perguntei se eles percebiam que aquela forma de comportamento era exatamente o contrário da que poderíamos estar adotando. Propus que, além de compartilharmos boas notícias e mencionarmos pessoas a quem nos sentíssemos gratos, poderíamos dirigir algo elogioso e positivo a alguém da turma.

"De jeito nenhum!" foi a primeira coisa que ouvi. De forma educada, eles me explicaram que a sugestão que eu dera apresentava os seguintes problemas: pessoas da idade deles não diziam coisas assim, aquilo seria muito constrangedor, ficariam sem graça.

Compreendi que os alunos tinham razão. Adolescentes *não diziam* mesmo esse tipo de coisa e, como não estavam habituados a fazer isso, de fato seria embaraçoso. Em vista disso, optei por fazer uma analogia, falando de algo que eles tivessem aprendido a realizar muito bem depois de terem conseguido superar uma fase de dificuldade e "falta de jeito". Pensei em estabelecer um paralelo com o processo de aprender a andar de bicicleta, afinal todos ali tinham passado por isso. Perguntei se eles se lembravam da sensação que experimentaram na primeira vez em que tentaram guiar uma bicicleta. A resposta foi positiva. Em seguida, quis saber se tinham passado por uma fase de desconforto com a bicicleta antes de se sentirem à vontade e confiantes. Mais uma vez, responderam afirmativamente.

Eu disse: "Como ninguém nunca lhes ensinou a dizer coisas positivas e elogiosas uns aos outros, e como vocês nunca fizeram isso antes, posso entender perfeitamente que essa idéia, a princípio, pareça um tanto constrangedora." Perguntei se eles se sentiam bem quando alguém fazia um comentário positivo a seu respeito. É claro que a resposta foi sim. Depois perguntei se saber dirigir um elogio a uma pessoa seria uma habilidade útil em termos sociais, caso isso pudesse ser feito de maneira confortável e sem embaraço. Novamente, a resposta foi afirmativa. Então, formulei a pergunta que colocava um desafio diante deles. "Será que vale a pena vencer essa fase inicial de dificuldade e constrangimento para aprender a ser mais positivo em relação aos outros sem experimentar nenhuma sensação de desconforto?" Percebi certa hesitação, mas a maioria concordou que valia a pena tentar. Como eu nunca havia feito isso com adolescentes, não sabia muito bem o que me aguardava. De qualquer forma, tinha certeza de que não seria fácil nem rápido. Porém, estava disposto a insistir pelo tempo que fosse necessário. E avisei: "Muito bem, vamos começar amanhã."

No dia seguinte, eu estava na escola, no entanto me lembrei de que não poderia comparecer à aula da tarde porque teria que ir ao funeral de um amigo. Pedi a um colega que me substituísse e dissesse aos alunos que começaríamos a desenvolver a questão das palavras positivas no dia seguinte.

A homenagem fúnebre foi realizada numa grande igreja com capacidade para mil e duzentas pessoas – no momento da cerimônia, havia ali pelo menos umas oitocentas. Minha mulher e eu nunca havíamos ido a essa igreja, portanto estávamos num ambiente com o qual não tínhamos familiaridade. Decidimos nos sentar num banco na parte da frente junto com alguns amigos.

O início da cerimônia foi um pouco surpreendente. O pastor entrou por uma porta lateral, apanhou um microfone sem fio e caminhou pela nave central até ficar diante da primeira fileira de bancos. Ele parecia feliz numa ocasião em que nos acostumamos a ver certa tristeza. Depois, anunciou em voz alta, com um grande sorriso no rosto: "Hoje vamos celebrar a vida!" E ele estava falando sério. Prosseguiu explicando *por que* se tratava de uma celebração. Bob, o falecido, levara uma vida plena, fora um homem devotado à família, uma pessoa generosa, dera início a muitos negócios bem-sucedidos e tratara bem os colaboradores, havia tido muitos amigos, etc. O pastor continuou lembrando que Bob também tinha sido um homem de fé e que, agora, se encontrava num lugar muito melhor do que todos nós. Ele me convenceu, assim como convenceu muitas pessoas, de que estávamos ali para celebrar a *vida* de Bob. O restante da cerimônia se desenvolveu num astral igualmente elevado, concentrando a atenção dos presentes em trechos da Bíblia que eram bastante positivos. A homenagem também foi curta, o que me intrigou, pois, pelo costume, deveria levar mais ou menos uma hora, e aquela se limitara à metade desse tempo.

Então, o pastor novamente nos surpreendeu ao pegar o microfone sem fio e retomar o lugar diante da primeira fileira de bancos. Ele disse que tinha preparado uma cerimônia curta porque queria contar com a ajuda dos amigos de Bob naquela celebração. O pastor perguntou se alguém desejava compartilhar com os presentes alguma recordação sobre Bob. Nesse momento, a maioria daquelas oitocentas pessoas assumiu instintivamente uma postura corporal bastante rígida. Falar diante de grandes platéias continua a ser o medo número um de muita gente. Mas o senhor que estava sentado ao meu lado não era dominado por esse temor e, na mesma hora, levantou a mão. Em questão de segundos, o pastor passou-lhe o microfone. O homem, então, prestou um belo tributo a Bob. Sua atitude fez com que muitas pessoas se descontraíssem. Agora, várias mãos estavam se levantando por toda a igreja, fazendo com que o pastor ficasse levando o microfone de uma pessoa para outra. Isso continuou por mais ou menos vinte minutos, transformando-se numa verdadeira celebração da vida.

Enquanto as homenagens a Bob se sucediam, eu não conseguia deixar de pensar na conversa que havia tido na véspera com meus alunos sobre como era difícil dizer coisas boas para aqueles de quem gostamos. Havia ali um grande grupo de adultos fazendo exatamente isso sem nenhum constrangimento. Mas então percebi por quê. Eles se sentiam seguros dizendo coisas boas sobre Bob porque ele não estava lá. Fiquei tentando imaginar quantas dessas pessoas tinham dito tudo aquilo a Bob enquanto ele estava vivo. Eu mesmo respondi à minha pergunta: provavelmente nenhuma.

Contei essa história muitas vezes nas minhas palestras. Há alguns anos, uma professora me perguntou se podia compartilhar comigo uma citação anônima que lhe parecia apropriada àquela história. Sempre ansioso por ter contato com novas contribuições, disse-lhe que sim. O que ela recitou ganhou status de um clássico:

> *Uma só rosa*
> *significa mais para quem está vivo*
> *do que uma coroa inteira de flores para quem morreu.*

Pense sobre isso durante um minuto. O que você preferiria fazer: dar a um amigo vivo uma única rosa ou levar uma coroa de flores ao seu velório? O que proporcionaria mais alegria a quem recebe? Qual dessas duas ações mais alegra aquele que dá? E que tal alterarmos um pouquinho a citação?

> *Uma só palavra amável*
> *é mais útil para quem está vivo*
> *do que um punhado de palavras amáveis*
> *numa cerimônia fúnebre.*

Ao voltar da igreja para casa naquela tarde, eu já pensava numa maneira de transformar aquela experiência numa lição de vida a ser compartilhada com meus alunos, que tanto receio tinham de dizer coisas amáveis a outras pessoas. Mal podia esperar para contar-lhes a história. Quando chegou o momento, perguntei-lhes se alguém se lembrava do assunto que havíamos discutido dois dias antes. Todos responderam afirmativamente. Eu disse: "Tenho uma história para vocês."

Comecei a contar em detalhes a cerimônia a que assistira na igreja. Quando terminei, fiz uma pergunta simples: "Quantas daquelas pessoas que falaram coisas boas sobre Bob no funeral chegaram a lhe dirigir essas mesmas palavras enquanto ele estava vivo?" Nenhum dos alunos verbalizou uma resposta. Eles apenas balançaram a cabeça. Concluíram a mesma coisa que eu.

Nesse momento, Nancy, que estava sentada no fundo da sala, teve uma idéia. Ela disse: "Sr. Urban, já sei como fazer as pessoas ficarem à vontade para falar coisas gentis umas sobre as outras, e não será nem um pouco constrangedor." Respondi que achava aquilo ótimo e que gostaria de ouvir sua sugestão.

Nancy foi em frente: "Traga um caixão para a sala de aula. Coloque o caixão aí na frente com metade da tampa aberta. Nós vamos ficar nos revezando dentro dele." E então demonstrou como ela ficaria deitada de costas, com os olhos fechados e as mãos dobradas sobre a barriga. Depois, ergueu seu marcador de texto amarelo e disse: "O senhor poderia ser o pastor, Sr. Urban. E isto poderia ser seu microfone. Basta o senhor perguntar se alguém tem alguma coisa boa dizer a meu respeito e, depois, ir passando o microfone à medida que as pessoas forem levantando as mãos. O melhor da história é que vai dar para ouvir todos os comentários. Estarei ligada em tudo o que disserem."

Esse lampejo genial da parte de Nancy evoca uma série de imagens, todas muito engraçadas. Tente imaginar essa cena acontecendo no interior de uma sala de aula de uma escola pública cheia de adolescentes. Embora todos nós ali estivéssemos rindo, aquela idéia criara um problema. Eu não tinha muita certeza se Nancy estava brincando, se estava falando sério ou se estava fazendo um pouco das duas coisas. Caso ela estivesse falando para valer, eu não desejava simplesmente descartar a sugestão. Por outro lado, não queria levar um caixão de verdade para dentro da sala de aula.

Diante desse dilema, fiquei sem ação por alguns segundos e depois falei a coisa mais idiota que saiu dos meus lábios em trinta e cinco anos de carreira como professor. Eu disse: "Grande idéia, Nancy. Só não sei onde poderíamos arranjar um caixão." Os professores, ao me ouvirem contar isso, dão gargalhadas porque sabem que fazer uma afirmação dessas para um grupo de adolescentes é como lançar um desafio para a turma. Tive sorte em não encontrar uma dúzia de caixões na porta da sala de aula na manhã seguinte. No entanto, o que eu dissera tinha sido ainda mais idiota do que eu imaginara a princípio. Assim que as palavras saíram da minha boca, baixei os olhos para Walt, que se sentava bem na minha frente. Adivinhe o que o pai dele fazia para ganhar a vida. Exatamente. Ele era o agente funerário local. Walt era um garoto muito desembaraçado e levou apenas um minuto para avaliar a situação. Logo depois, ergueu lentamente o braço e se dirigiu a mim: "Isso não é problema. Que modelo o senhor prefere?"

Àquela altura, perdemos um pouco o rumo da conversa porque os alunos queriam conhecer tudo sobre os modelos, inclusive o que Walt chamava de o "Mercedes" da linha de caixões. E, é claro, todos eles ficaram espantados com os preços. Mas acabamos voltando ao que realmente importava. Fiz as seguintes perguntas à turma:

- A história sobre a homenagem na igreja nos ensinou alguma coisa?
- Precisamos mesmo esperar até que alguém morra para falarmos coisas boas sobre ela?
- Podemos fazer isso sem um caixão ou outros acessórios?
- Vocês estariam dispostos a dar alguns passos numa área na qual não se sentem ainda totalmente à vontade?
- Há alguém nesta sala que mereça palavras positivas?

Eles compreenderam a idéia que eu queria transmitir. Então, acrescentamos alguns comentários positivos às boas notícias e às palavras de gratidão no início de cada aula pelo resto do ano letivo. Será que isso foi mesmo tão constrangedor e embaraçoso quanto os alunos tinham previsto? Pode apostar que sim. Mas eles foram se esforçando e começaram a se aperfeiçoar nessa atividade, da mesma forma que fizeram quando aprenderam a andar de bicicleta. Por fim, acabaram se tornando muito bons em levantar o astral uns dos outros em vez de ficarem se agredindo verbalmente. Nos anos que se seguiram, continuei a ensinar às crianças a compreender a força das palavras e a usá-las de forma positiva. E sempre dava início a esse assunto recorrendo à história do funeral do meu amigo. A moral dessa história é óbvia: não espere até que as pessoas tenham partido para expressar seus sentimentos.

Última vez

Há muitos anos, compareci a uma palestra sobre comunicação pessoal numa escola local. Não me lembro do nome do conferencista, contudo me recordo muito bem de algo que ele disse. A citação encaixa-se perfeitamente na história do funeral e é um conselho fantástico para todos nós.

> *Fale com seus amigos e com sua família como se fosse a última vez em que estivesse fazendo isso.*

> *Se você fosse morrer em breve e só pudesse dar um telefonema, para quem você ligaria e o que diria?*
>
> *E por que você está esperando para fazer isso?*
>
> – Stephen Levine

Parte 5

TENHA SEMPRE ALGO DE BOM A DIZER

Não podemos nos dar ao luxo de subestimar a importância e a força das nossas palavras.

– Jeff Olson

Nunca perca a oportunidade de dizer uma palavra amável.

– William Makepeace Thackeray

Resumo

As palavras amáveis têm o poder de:

Proporcionar ânimo ao nosso espírito quando o mundo quer nos derrubar.

Expressar reconhecimento pelas nossas realizações.

Despertar nosso riso.

Restabelecer nossa fé na natureza bondosa da humanidade.

Reforçar nossa auto-estima.

Fazer com que sejamos capazes de dar o melhor de nós.

Mostrar que alguém se importa conosco.

Levantar nosso moral.

Enternecer nosso coração.

Melhorar nosso humor.

Curar nossas feridas.

Reconhecer o trabalho duro que realizamos.

Fazer aflorar o que há de melhor em nós.

Aumentar nossa autoconfiança.

Funcionar como apoio nas horas difíceis que enfrentamos.

Trazer consolo nos nossos momentos de sofrimento.

Fazer com que nos sintamos importantes.

Contribuir para que acreditemos em nós mesmos.

Fornecer incentivo quando precisamos de um estímulo extra.

Fazer com que nos lembremos do que é certo e bom.

Abastecer nosso espírito com um novo estoque de energia.

Mostrar que somos valorizados.

Causar surpresas alegres quando menos esperamos.

Ensinar lições preciosas para nossa vida.

Fornecer consolo nos momentos trágicos que vivenciamos.

Proporcionar o reconhecimento que merecemos.

Fazer com que nos lembremos dos motivos pelos quais devemos nos sentir agradecidos.

Mostrar que outras pessoas têm fé em nós.

Iluminar nossos dias.

Fazer da nossa vida uma experiência mais rica.

Conclusão

Há alguns anos, recebi uma dessas cartas que têm um significado especial e que sempre tocam o coração de um professor. Ela veio de Bill, um antigo aluno meu que estava prestes a se formar na universidade. Ele me escreveu para contar que eu tinha lhe ensinado algo precioso, uma mensagem que permanece com ele desde o período em que cursou a faculdade e que conservaria pelo resto da vida.

É sempre agradável receber uma reação positiva, mas essa foi particularmente comovente porque Bill havia sido um dos melhores alunos a quem tive o privilégio de ensinar. Ele me lembrou de que nos seus primeiros dias na minha turma achava "essa história de linguagem positiva uma coisa meio piegas". Mas resolveu fazer uma experiência e logo se tornou um adepto dessa prática. Ele disse que as lições sobre linguagem ajudaram-no de quatro maneiras. Em primeiro lugar, tomou consciência do incrível poder que as palavras podem ter e passou a escolhê-las com maior cuidado. Em segundo lugar, aprendeu a buscar o que havia de bom nas coisas – e especialmente nas pessoas – e encontrou oportunidades de fazer comentários positivos em todos os lugares. "Agora tenho sempre algo de bom a dizer", afirmou. Em terceiro lugar, descobriu que, depois que começou a adotar essa atitude, passou a considerar natural e fácil usar uma linguagem de afirmação da vida. Por fim, percebeu que, ao fazer com que alguém se sinta melhor, ele mesmo se sente melhor e mais feliz.

Minha esperança e minhas preces são no sentido de que o ato de ler este livro faça o mesmo por você.

Não deixe que ninguém que tenha ido até você parta sem se sentir mais alegre e melhor.

– Madre Teresa

Nenhuma palavra má saia da vossa boca, mas só a que for útil para a edificação, sempre que for possível, e benfazeja aos que ouvem.

– Efésios 4:29

INFORMAÇÕES SOBRE OS
PRÓXIMOS LANÇAMENTOS

Para receber informações sobre os lançamentos da Editora Sextante, basta cadastrar-se diretamente no site www.sextante.com.br

Para saber mais sobre nossos títulos e autores, e enviar seus comentários sobre este livro, visite o nosso site www.sextante.com.br ou mande um e-mail para atendimento@esextante.com.br

Editora Sextante
Rua Voluntários da Pátria, 45 / 1.404 – Botafogo
Rio de Janeiro – RJ – 22270-000 – Brasil
Telefone (21) 2286-9944 – Fax (21) 2286-9244
E-mail: atendimento@esextante.com.br